Vanessa Happe

Talent Management und E-Recruiting

Innovative Methoden für die Talentakquise

Bibliografische Information der Deutschen Nationalbibliothek:

Die Deutsche Nationalbibliothek verzeichnet diese Publikation in der Deutschen Nationalbibliografie; detaillierte bibliografische Daten sind im Internet über http://dnb.d-nb.de abrufbar.

Impressum:

Copyright © ScienceFactory 2019

Ein Imprint der Open Publishing GmbH, München

Druck und Bindung: Books on Demand GmbH, Norderstedt, Germany

Covergestaltung: Open Publishing GmbH

Inhaltsverzeichnis

Abkürzungsverzeichnis

AC   Assessment Center

TRM   Talent Relationship Management

Abbildungs- und Tabellenverzeichnis

1 Einleitung

Das erste Kapitel der vorliegenden Bachelorarbeit befasst sich mit der Einführung in die Thematik. In diesem Zusammenhang werden die Ausgangslage, die Problemstellung und der Aufbau der Arbeit dargestellt.

1.1 Ausgangslage

Der Ausdruck des „War for Talents" prägt anlässlich einer Studie von McKinsey Ende der 1990er Jahre die Debatte um das Talent Management, indem die Assoziierung im „Kampf um die Besten" diskutiert wird.[1]

Ein Großteil der Unternehmen wird zukünftig mit der Problematik konfrontiert, gute und qualifizierte Mitarbeiter zu finden. Denn in den nächsten Jahren wird die Bevölkerung innerhalb der Industriestaaten zuerst altern und anschließend abnehmen. Grund dafür sind zum einen die niedrige Anzahl der Geburtsraten und zum anderen die steigende Lebenserwartung.[2] Die Rede ist vom demografischen Wandel. Für Unternehmen bedeutet der Wandel die Entstehung eines Fach- und Führungskräftemangels, der sich aus den veränderten Erwerbspersonenstrukturen entwickelt.[3] Aber nicht nur der demografische Wandel trägt zur Veränderung auf dem Arbeitsmarkt bei. Die Gesellschaft an sich hat sich gewandelt. Aus Gehorsamkeit und Disziplin ist der Wunsch nach Selbstverwirklichung geworden.[4] Der Wandel bezieht sich auch auf die verschiedenen Generationen, die sich auf dem Arbeitsmarkt befinden oder in den nächsten Jahren eintreten werden.

Als weiterer Auslöser wird die Globalisierung gesehen. Mit der technologischen Entwicklung und dem daraus entstandenem Internet, der die Nachfrage qualifizierter Mitarbeiter fordert, ist der Wettbewerb gestiegen.[5]

Demzufolge resultiert daraus die Thematik des Talentmanagements für den Personalbereich. Um erfolgreich im Wettbewerb zu sein, braucht das Unternehmen die bedeutendste Ressource, das Talent.[6] Als entscheidender Wettbewerbsfaktor wird

---

[1] Vgl. Ritz / Sinelli (2010), S.1

[2] Vgl. Prezewowsky (2007), S. 1

[3] Vgl. Günther (2010), S.1

[4] Vgl. Jung (2011), S.838

[5] Vgl. Gatzke / Gutmann (2015), S.11

[6] Vgl. Gabrisch (2010), S.5

das Wissen des Menschen gesehen. Somit stellt dieser mit seinem Wissen und Können das Alleinstellungsmerkmal dar.[7] Talentmanagement wird als Element der strategischen Personalentwicklung betrachtet, da diese sich mit den Entwicklungszielen eines Unternehmens der nächsten fünf bis zehn Jahre beschäftigt.[8] Damit potentielle Mitarbeiter sich bewerben können, müssen zuerst geeignete Wege zur Beschaffung gewählt werden. Dabei ist die Zielgruppe entscheidend, welche das Unternehmen ansprechen möchte. Die neuen Generationen wachsen mit elektronischen Medien auf. Um diese potenziellen Mitarbeiter zu erreichen, sind elektronische Kommunikationskanäle nicht mehr wegzudenken.[9]

1.2 Problemstellung und Zielsetzung

Die Hintergründe des zunehmenden Fachkräftemangels als Folge des demografischen Wandels führt zu der Problematik in Unternehmen, dass diese nicht wissen, wie sie freie Stellen in der Zukunft besetzen sollen. Daraus folgt der bekannte „War for Talent", der sich um die noch zu verfügenden Mitarbeiter des Arbeitsmarktes dreht. Jedoch besitzen nur einige wenige von ihnen die Fähigkeiten, welche die zu besetzende Stelle voraussetzt. Aus diesem Grund stellt sich die Frage, wie lässt sich das geeignete Talent für die vakante Stelle identifizieren und warum wird dies für Unternehmen immer transparenter?

Das Ziel dieser Bachelorarbeit ist es die Hintergründe für den in Zukunft immer wichtigeren Bereich der Personalabteilung, das Talent Management, zu betrachten. Dabei wird dem Leser verständlich gemacht, welche Kernelemente das Unternehmen für das Talent Management beachten muss, mit welchen Methoden der beste Kandidat gefunden wird und was für Veränderungen bei der Beschaffung des Personals sich ergeben haben.

1.3 Aufbau der Arbeit

Um die Relevanz des Talent Managements in Unternehmen zu verstehen, beschäftigt sich die nachfolgende Thematik mit dem Umfeld und den Trends von Talent Management. Die verschiedenen Einflüsse werden dabei separat betrachtet. Das anschließende Kapitel klärt zuerst die Begriffe, die notwendig für das Verständnis

---

[7]   Vgl. Neher / Kolb (2004), S.11-115

[8]   Vgl. Jung (2011), S.258

[9]   Vgl. Rohrlack (2012), S.78

sind. Es werden die Begriffe Talent und Talent Management definiert, sowie die unterschiedlichen Generationen aufgezeigt und die einhergehenden Entwicklungen dieser, die den Arbeitsmarkt verändern.

Aus diesem Grund setzt sich Kapitel 4 mit den Kernbereichen des Talent Managements auseinander. Anhand eines dargestellten Kreislaufs wird erklärt, wie der Prozess abläuft. Zusätzlich werden die einzelnen Schritte erläutert und die dazugehörigen Methoden aufgezeigt.

Im Anschluss an dieses Kapitel folgt die Analyse der Auswirkung des Internets auf die Beschaffung von Personal und den damit verbundenen innovativen Möglichkeiten. Zum Schluss werden die wichtigsten Ergebnisse der Arbeit zusammengefasst betrachtet.

2 Umfeld und Trends als Hintergrund von Talent Management

Die neuen Technologien, anspruchsvolle Prozesse, entwickelte Produkte und darauf basierende Dienstleistungen sind ohne qualifiziertes Personal undenkbar.[10] Die Personalarbeit wird deshalb von Faktoren, wie dem demografischen Wandel, der Globalisierung, der Technologie und den gesellschaftlichen Entwicklungen, beeinflusst.[11]

In diesem Kapitel werden diesbezüglich die verschiedenen Einflüsse betrachtet und die Frage geklärt, warum die neuen Generationen andere Erwartungen an die Arbeitswelt aufbringen und welche Folgen sich daraus für den Arbeitgeber schließen.

2.1 Demografischer Wandel

Seit nicht weniger als 100 Jahren gehört der demografische Wandel zu den fundamentalen gesellschaftspolitischen Anliegen. Im Regelfall wird die demografische Entwicklung als vorherbestimmte Schadenseinwirkung des gemeinschaftlichen Lebens und des finanziellen Eigentums empfunden. In Deutschland hat sich diese Stimmung in Anbetracht der entwickelten Altersdynamik und der politischen Dialoge registriert.[12]

Das Stichwort „demografischer Wandel" ist in öffentlichen und politischen Debatten schwer wegzudenken. Die Veränderungen in der Bevölkerungsstruktur in erster Linie auf die sozialen Sicherungssysteme bezogen, können zukünftig gefährdet werden.[13] Die Schwierigkeit wird darin liegen, dass zukünftig immer weniger jüngere arbeitende Personen Leistungen für ältere Generationen aufbringen müssen.[14] Die ältere Gesellschaft hat ein anderes Nachfrageverhalten wie die jüngere Generation.[15] Da die Lebenserwartung der älteren Menschen steigt, führt das zu

---

10 Vgl. Gatzke / Gutmann (2015), S. 11
11 Vgl. Oechsler (2011). S.93ff
12 Vgl. Statistisches Bundesamt (2011), S.1
13 Vgl. Sporket (2011), S.23
14 Vgl. Sporket (2011), S.23
15 Vgl. Lindh / Malmberg / Petersen (2010), S.54

einem längeren Bezug der Rente. Das hat zur Folge, dass das Renteneintrittsalter zukünftig ansteigen wird.[16]

Die Demografie der Bevölkerung hängt von den Gegebenheiten Fertilitätsrate, Wanderungssalden und Lebenserwartung ab. Die Fertilitätsrate beschreibt die durchschnittliche Anzahl an Kindern, die eine Frau in ihrem Leben zur Welt bringt. Durch das veränderte Rollenverständnis ist die Geburtenrate in den letzten Jahren gesunken.[17] In Deutschland konnte durch politische Veränderungen ein Wandel ermittelt werden. Nach der Wiedervereinigung ist die Anzahl der Geburten in den neuen Bundesländern, aufgrund von wirtschaftlichen, politischen und sozialen Veränderungen gesunken. Dem Statistischen Bundesamt zufolge lag die Geburtsrate 2013 durchschnittlich bei 1,41 Kindern. Daraus geht vorrangig die Alterung der Gesellschaft hervor.[18]

Weitere Auswirkungen wird der demografische Wandel auf die Anzahl der Bevölkerung haben.

Deutschland - Entwicklung der Bevölkerungsstruktur nach Altersgruppen bis 2050

Prognose der Bevölkerungsentwicklung in Deutschland nach Altersgruppen im Zeitraum der Jahre von 2007 bis 2050

	Bevölkerung im Jahr 2007 in Millionen	Bevölkerung im Jahr 2050 in Millionen	Veränderung in Millionen	Veränderung in Prozent
Bevölkerung insgesamt	82,2	68,8	-13,4	-16
Unter 20 Jahre	15,9	10,4	-5,5	-35
20 bis 64 Jahre	49,8	35,5	-14,3	-29
65 Jahre und älter	16,5	22,8	6,3	38
80 Jahre und älter	3,9	10	6,1	156

Abbildung 1: Entwicklung der Bevölkerungsstruktur in Deutschland
(Quelle: https://de.statista.com/statistik/daten/studie/248090/umfrage/entwicklung-der-bevoelkerungsstruktur-deutschlands-nach-altersgruppen/)

Setzt sich die Entwicklung im gleichen Maße weiter fort, wird die Bevölkerung in Deutschland, wie in Abbildung 1 dargestellt, im Jahre 2050 sich bei 68,8 Millionen befinden. Zur heutigen Zeit sind es noch rund 82,2 Millionen Menschen.

Differenzierte Hypothesen über Wanderungssalden haben Auswirkungen für die Vorhersage der Bevölkerungsanzahl in Deutschland. Wird von einem Ausgleich zwischen Zu- und Abwanderung ausgegangen, nimmt die Einwohnerzahl um circa 14 Millionen Menschen ab.[19] Folgend wird sich ebenfalls die Altersstruktur der arbeitsfähigen Personen verändern. Beispielsweise bei einer Anzahl von 100 Menschen im erwerbsfähigen Alter werden im Jahr 2060 die zweifache Personenanzahl im Rentenalter sein wie heute.[20]

Aus der Perspektive eines Unternehmens verändern sich die Rekrutierungsbedingungen durch den Einfluss des Wandels ins Negative. Da es zukünftig weniger Menschen im erwerbsfähigen Alter geben wird, ist die Entwicklung neuer Strategien erforderlich, um Engpässe im Unternehmen zu vermeiden.[21] Wenn die Baby-Boomer-Generation, also die Jahrgänge bis Ende der 1960er Jahre, mit einer hohen Geburtsrate, das Rentenalter erreicht, kommt es deshalb zu einem enormen Fachkräftemangel. Aus diesem Grund sind Arbeitgeber der Herausforderung gestellt, ihre Unternehmensattraktivität für potentielle Mitarbeiter positiv darzustellen.[22] Der Wanderungssaldo hat einen Verjüngungseffekt mit sich gebracht, jedoch ist dies kein Trend, der sich auf Langzeitbetrachtung diagnostizieren lässt. Ein weiterer Einflussfaktor des demografischen Wandels ist die steigende Lebenserwartung. Im Hinblick auf die medizinische Versorgung, dem veränderten Lebensstandard und der verminderten körperlichen Arbeit nimmt die Lebenserwartung zu.[23]

Die Gesellschaft bevorzugt in dieser Zeit ein Modell, in dem Mann und Frau gleichberechtigt für das Wohl der Familie sorgen. Das Alleinverdiener-Modell verliert somit an Wert und dies trifft ebenfalls das Zuverdiener-Modell.[24] Deshalb ist die Personalarbeit dazu aufgefordert, Chancengleichheit zu garantieren, sowie den beruflichen Werdegang der Frau zu unterstützen.

---

[19] Vgl. Abbildung 1

[20] Vgl. Hummel / Zander (2015), S.28

[21] Vgl. Oechsler (2011), S.108

[22] Vgl. Preißing (2010), S.39

[23] Vgl. Eilers / Rump (2014), S.11f

[24] Vgl. Eilers / Rump (2014), S.11f

Im Hinblick der zukünftigen Entwicklung wird erkennbar, dass das Personalmanagement mit zukunftsorientierter Planung und Strategien aufgefordert ist, zu reagieren.[25]

2.2 Gesellschaftlicher Wertewandel

Die Generation, in der ein Mensch aufwächst, hat einen erheblichen Einfluss auf das Verhalten der Person. Durch eine stetige Weiterentwicklung der Gesellschaft ist keine Möglichkeit gegeben, den gesellschaftlichen Wandel nach einem Faktor zu beurteilen.[26] Die Wertvorstellung der Menschheit hat sich grundlegend verändert. In früheren Zeiten haben Gehorsamkeit und Disziplin als ideelle Vorstellung gezählt. Heute ist die Entfaltung eigener Fähigkeiten und Partizipation von Bedeutung.[27]

In den neuen Generationen ist deutlich erkennbar, dass diese sich von religiösen Normen gelöst haben, wie beispielsweise dem Leitbild von Monogamie oder die Einhaltung von lebenslanger Ehe. Weiterhin haben sich Faktoren wie Entwicklung von Wohlstand, der Wertewandel und die Erwartung der gesellschaftlichen Mobilität verändert. Zusätzlich zeigt der Wandel die Veränderung der Frauenrolle und demzufolge auch die Veränderung der Familienstruktur.[28]

In der Bedürfnispyramide nach Maslow ist zu betrachten, welche Wünsche der Mensch anstrebt. Diese werden in Wachstum- und Defizitbedürfnisse unterteilt. Maslow geht davon aus, dass die nächste Bedürfnisgruppe erreicht werden will, wenn die vorangegangene befriedigt wurde.

[25] Vgl. Oechsler (2011), S.108f
[26] Vgl. Dahlmanns (2014), S.32f
[27] Vgl. Jung (2011), S.838
[28] Vgl. Dahlmanns (2014), S.33

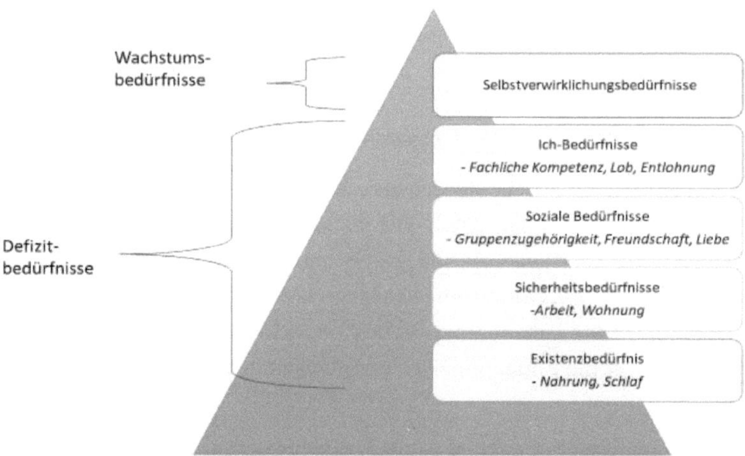

Abbildung 2: Bedürfnispyramide nach Maslow
(Quelle: eigene Darstellung in Anlehnung an Jung (2011), S.383.)

Die Defizitbedürfnisse, die sich unterteilen, werden bei Mangelzuständen und Störungen hervorgerufen. Diese wurden durch das Wohlstandsniveau, welches Mitte der sechziger Jahre begann, abgedeckt. Das Bedürfnis nach Selbstverwirklichung stand zu dieser Zeit weniger im Vordergrund, führte jedoch zu einem Wertewandel.[29] Die heutigen Generationen sind umso mehr mit der Selbstverwirklichung beschäftigt. Jeder Mensch ist individuell für seine Biographie verantwortlich. Wohnort, Beruf, Kinderkriegen oder Lebensplanung sind Beispiele hierfür und frei von jedem selbst bestimmbar, jedoch gab es diese Entscheidungsmöglichkeit in früheren Zeit selten. Trotzdem führt der enorme Druck zur Selbstverwirklichung oft auch zu Unsicherheit, denn die bestmögliche Wahl muss gefunden werden, ohne das Gefühl zu verspüren, etwas verpasst zu haben.[30]

Erstmals hat der Wandel einen bemerkbaren Einfluss in Unternehmen durch den Eintritt der Generation Y, den Geburtsjahrgängen nach 1980. Sie wollen mehr Selbstbestimmung bei der Einteilung der Arbeitszeit, legen Wert auf Selbstentfaltungsmöglichkeiten und auf essentielle Tätigkeiten.[31]

---

[29] Vgl. Jung (2011), S.382ff
[30] Vgl. Dahlmanns (2014), S.34
[31] Vgl. Gatzke / Gutmann (2015) S.19

2.3 Globalisierung

Als weiterer Trend um die Zukunft der Arbeitswelt wird die Globalisierung gesehen.[32] In den 1980er Jahren entstand ein Weltmarkt, der von multinationalen Unternehmen geleitet wird und sich mittels des freien Kapitalflusses weltweit bestimmen lässt.[33] Es wird als Zeitalter des grenzenlosen Wettbewerbs beschrieben.[34] Der Begriff Globalisierung, der sich aus der Soziologie und Ökonomie herleiten lässt, beschreibt einen mehrdimensionalen Vorgang, der sich mit kulturellen, wirtschaftlichen, transnationalen und sozialen Interaktionen auseinandersetzt.[35] Im wirtschaftlichen Zusammenhang gedeutet, liegt der Unterschied in der einzelwirtschaftlichen, also betriebswirtschaftlichen und in der gesamtwirtschaftlichen, der volkswirtschaftlichen Betrachtung.[36] Globalisierung beinhaltet die bestmögliche, arbeitsmarktbezogene und technologische Reichweite. Zusätzlich impliziert dieser Begriff „kulturelle, politische und ökologische Dimensionen".[37]

---

[32] Vgl. Eilers / Rump (2013), S.13

[33] Vgl. Ghauri / Powell (2010), S.6

[34] Vgl. Kropp (2001). S.162

[35] Vgl. Mütze / Popp (2007), S. 15-16

[36] Vgl. Oechsler (2011), S.94

[37] Vgl. Dahlmanns (2014), S.18

Abbildung 3: Globalisierungsfaktoren
(Quelle: eigene Darstellung in Anlehnung an Haas / Neumair / Schlesinger (2012), S.3ff)

Die Globalisierung wird wie in Abbildung 2 zu sehen, von vielen Einflüssen gesteuert. Deshalb wird auf diese Thematik nicht detailliert eingegangen.

Das Wirtschaftsgeschehen der letzten Jahre hat sich enorm verändert. In der heutigen Zeit beschränken sich nur wenige Organisationen auf Aktivitäten allein im Inland, sodass der Außenhandel sich schneller entwickelt und Unternehmen über internationale Märkte für Waren und Dienstleistungen verfügen.[38] Dadurch wächst die Konkurrenz unter den Branchen und eine räumliche Ausweitung des Wettbewerbs hat sich entwickelt. [39] Änderungen sind ebenfalls in den politischen

---

[38] Vgl. Rathnow (2014), S.29
[39] Vgl. Oechsler (2011), S.94f

Rahmenbedingungen zu betrachten. Der Abbau von Handelshemmnissen unterstützt das Wachstum des internationalen Marktes. Organisationen wie, die WTO (World-Trade-Organization) und Abkommen wie GATT (General Agreement on Tariffs and Trade) regeln die internationalen Verflechtungen.[40]

Aufgrund des Wettbewerbs entstehen Konsequenzen für die Personalabteilung, da diese sich mit dem quantitativen und qualitativen Personalbedarf auseinandersetzen müssen.[41] Eine weitere wesentliche Veränderung, die zu der Globalisierung beigetragen hat, ist die technologische Entwicklung. Das Internet hat Einfluss auf viele Lebensbereiche der Menschen, somit auch in der Arbeitswelt. Telekommunikation, Mikroelektronik und Computernetze ermöglichen die Verfügbarkeit eines Produktes an jedem Ort und für jeden zugänglich.[42]

2.4 Zwischenfazit

Die Folgen der demografischen Entwicklung können enorme Auswirkungen haben. Aufgrund der sinkenden Geburtsrate und der steigenden Lebenserwartung wird die Gesellschaft älter. Die sinkende Geburtsrate hängt mit der veränderten Frauenrolle zusammen, die in der heutigen Gesellschaft gleichermaßen erwerbstätig ist wie der Mann. Erreichen die älteren Generationen das Rentenalter, resultiert dies in einem Fachkräftemangel. Zusätzlich haben sich die Werte der Menschen geändert. Das Bedürfnis nach Selbstverwirklichung und somit die Entscheidung des Lebensweges hängt vom Individuum ab. Dazu beigetragen hat der Einfluss der Globalisierung. Die Arbeitswelt hat sich verändert durch die Nutzung neuer Technologien und die Vernetzung zu anderen Ländern.

Im Allgemeinen ist dadurch eine Veränderung in der Personalarbeit aufgetreten. Unternehmen müssen sich attraktiv repräsentieren, um Mitarbeiter auf sich aufmerksam zu machen und dem zukünftigen Fachkräftemangel vorzubeugen.

---

[40] Vgl. Haas / Neumair / Schlesinger (2012), S.9
[41] Vgl. Oechsler (2011), S.94f
[42] Vgl. Eilers / Rump (2013), S.14

3 Talent Management und Generationstypologie

Infolge des demografischen Wandels und dem verursachten Mangel der Fach- und Führungskräfte, ist die aktive Durchführung von Talent Management heutzutage immer notwendiger. Abgesehen von der starken Ausrichtung des Personalmanagements, Schlüsselpositionen mit talentierten Mitarbeitern zu besetzen, ist der Einfluss der Nutzung von Onlinemedien im Talent Management gestiegen. Im Gegensatz zu früheren Generationen ist die Entdeckung von Stellenanzeigen durch beispielsweise Printmedien nicht mehr stark vertreten. Die Nutzung von Social Media und Internet ist für die jetzige Generation alltäglich.[43]

In diesem Kapitel werden die Begriffe Talent und Talent Management definiert. Zusätzlich lässt sich eine Abgrenzung zwischen Talent und High Potential vorfinden, sowie ein Verständnis von Talent Management und strategischem Talent Management. Da diese Begrifflichkeiten durch den Wandel der Generationen beeinflusst wurden, werden die unterschiedlichen Generationen und deren Veränderungen näher betrachtet.

3.1 Talent Management

Im etymologischen Sinn stammt der Begriff Talent aus dem griechischen Wort „tálanton" und bedeutet übersetzt das Gewogene. Das optimistische Menschenbild setzt voraus, dass jeder einzelne Talent hat.[44] Für den Begriff existieren verschiedenartige Definitionen.[45] Grundsätzlich wird dieser Ausdruck in Zusammenhang mit den Synonymen A-Player, Potential, Top-Performer oder Hochleistungsträger eingesetzt.[46]

Talente sind Mitarbeiter, welche eine hohe Befähigung für das Wahrnehmen komplexer Aufgaben zeigen und sich zu einem High Potential entwickeln können.[47]

Der konventionelle und der integrierte Ansatz zeigen unterschiedliche Auffassungen von der Identifikation eines Talents. Die zuerst genannte Methode bezieht sich auf eine minimale Anzahl der Mitarbeiter, sogenannte A-Performer, die als Talente

---

[43] Vgl. Auer / Faix (2010), S.159

[44] Vgl. Steinweg (2009), S.4ff

[45] Vgl. Ritz / Sinelli (2010), S.7f

[46] Vgl. Gutmann / Schwuchow (2015), S.358

[47] Vgl. Ritz / Sinelli (2010), S.7f

bezeichnet werden. Angesprochen werden diejenigen, die den zweifachen Gewinn und Einsatz bringen, wie der Durchschnittsmitarbeiter. Damit werden sie ebenfalls als High-Potential oder High-Performer bezeichnet. Der integrierte Ansatz auf der anderen Seite betrifft die gesamte Belegschaft. Der einzelne Mitarbeiter hat sein individuelles Potenzial.[48]

Ein Talent ist nicht immer mit einem High Potential gleichzusetzen.[49] Damit eine Person als High Potential bezeichnet werden kann, müssen folgende Grundsätze erfüllt werden:

- eine bessere Berufsausbildung,

- starkes Interesse und Begeisterung der herausfordernden Beschäftigung,

- kontaktfreudiger Umgang mit Mitarbeitern,

- der Bedarf nach Weiterbildung, [50]

- herausragendes Engagement,

- und ausgezeichnete Leistung in der Ausbildung, im Studium oder im Unternehmen.[51]

Begabte müssen nicht Hochschulabsolventen sein, um als Talent identifiziert zu werden. Von Bedeutung ist, dass das Unternehmen für sich entscheidet, welcher Personenkreis mit bestimmten Faktoren ihr gewünschtes Talent aufzeigt. Innerhalb der Organisation sollte eine einheitliche Definition bestehen. Multinationale Konzerne stehen hierbei einer Herausforderung entgegen, da der Begriff in unterschiedlichen Sprachen verfügbar ist. Diese Mitarbeitergruppe betrifft die Besten.[52] Dabei handelt es sich um drei bis zehn Prozent des Personalbestandes.[53]

Weiterhin unterscheidet sich die Bedeutung von Talent im klassischen Modell und im modernen Modell. Der klassische Begriff lässt sich leicht verständlich darstellen. Als Beispiel gilt eine junge Arbeitskraft, die Potenzial für zusätzliche Aufgaben hat, aber sich noch in der Entwicklungsphase befindet, als talentiert.

---

[48] Vgl. Steinweg (2009), S.4ff
[49] Vgl. Nasemann / Thom (2010), S.25
[50] Vgl. Ritz / Sinelli (2010), S.7f
[51] Vgl. Nasemann / Thom (2010), S.25
[52] Vgl. Ritz / Sinelli (2010), S.7f
[53] Vgl. Steinweg (2009), S.5f

Das moderne Modell behandelt das Drei-Faktoren-Modell, welches sich mit den Anschauungen von Performance, Potential und Kompetenzen auseinandersetzt. Der Mitarbeiter zeigt durch die Performance die Quantität oder Qualität seiner Problemlösung. Das Potential verdeutlicht die Fähigkeit, alternative oder fordernde Aufgaben mit Erfolg zu absolvieren. Der dritte Faktor, die Kompetenz, stellt in dieser Relation kognitive, physische und emotionale Verhaltensweisen und Fähigkeiten dar, die bereits vorhanden sind, angeeignet werden können oder übermittelt werden. So kennzeichnet sich der Begriff Talent nach dem Drei-Faktoren-Modell durch das Verfügen von starkem Potential und hoher Kompetenzausweitung, unabhängig von der bisherigen Performance.[54]

Das Unternehmen stellt den Träger von Talenten dar. Aus diesem Grund ist es vorteilhaft die Individual-, Gruppen- und Organisationsebenen zu unterteilen, in welche die Mitarbeiter eingestuft werden. Die Aufnahme in die Gruppenebene, wie beispielsweise in ein Talent-Pool, erfolgt durch die Erfüllung organisationsspezifischer Voraussetzungen des Talents.[55]

Die Komplexität des Talentbegriffs intensiviert sich, wenn dieser in Beziehung mit Talentmanagement angewendet wird. Talentmanagement wird nicht der Personalentwicklung gleichgesetzt. Es impliziert jedoch wesentliche Elemente dieser. Unter Personalentwicklung werden mehrere Aufgabenfelder zusammengefasst, die im Rahmen betrieblicher Prozesse angeordnet sind, sowie Bildungsprozesse in der Aus- und Weiterbildung von Mitarbeitern, Mitarbeiterförderung, Organisationsentwicklung, Personalselektion, Umgang mit Innovation und Veränderungen des Arbeitsplatzes.[56] Der Leitgedanke des Talentmanagements ist dagegen nicht an jeden Mitarbeiter gerichtet.[57] Hier kommt die Frage auf, ob Talent lediglich in Relation mit Top-Positionen gesehen wird und das gesamte Personal einbezieht.[58]

Hat das Unternehmen bestimmt, welche Mitarbeiter als Talente selektiert werden, kommt die Frage nach der Interaktion mit den ausgewählten Personen und zwar dem Management von Talenten auf.[59] Capelli definiert Talent Management als

---

[54] Vgl. Enaux / Henrich (2011), S.17ff

[55] Vgl. Gatzke / Gutmann (2015), S.22

[56] Vgl. Bröckermann / Müller-Vorbrüggen (2006), S. 6 ff.

[57] Vgl. Ritz / Thom (2018), S.15

[58] Vgl. Gatzke / Gutmann (2015), S.25

[59] Vgl. Ritz / Thom (2018), S.13

„Getting the right people with the right skills into the right job".[60] Allerdings gehört zur Bezeichnung mehr als die ideale Besetzung einer Stelle.[61]

Das geeignete Personal zur bestimmten Zeit zu beschaffen, zu erkennen, auszubilden, zu entwickeln und am richtigen Platz einzusetzen, stellt eine strategische Herausforderung dar. Mithilfe des strategischen Talentmanagements kann dem entgegengewirkt werden. Das strategische Talentmanagement leistet durch die Verbindung der Unternehmensstrategie und dem geschäftlichen Vorhaben einen wesentlichen Beitrag zum Erfolg des Unternehmens.[62]

Kritische Schlüsselpositionen müssen für den Geschäftserfolg mit dem richtigen Personal besetzt werden. Hierzu ist die Wettbewerbsmatrix, Methoden und Instrumente des Konzerns sicherzustellen. Es signifiziert somit das zielbewusste Handeln, um Talente aufzufinden, zu bilden, zu fördern, optimal einzusetzen und zu binden. Das Talentmanagement muss unternehmensspezifisch erarbeitet und organisationsspezifisch festgelegt werden. Dies ist bedingt durch die Beschaffenheit der Aufgabe, der Dienstleistungen und Produkte.[63]

Das Verständnis für die Definition des Talent-Begriffs und auch für das Talent Management allein reicht jedoch nicht aus. Relevant ist, dass der Mensch verstanden wird, mit dem sich die Unternehmen auseinandersetzen müssen. Deshalb wird diese Thematik im folgenden Kapitel behandelt.

3.2 Generationstypologie

Generation wird in der Soziologie als Gesamtheit von Personen der gleichen Altersstufe definiert, die similäre soziale Zielvorstellungen und Lebensauffassungen gemeinsam haben.[64] Aufgrund des „War for Talent" ist es für den Arbeitgeber relevant zu wissen, welche Charakteristiken und Erwartungen die potenziellen Mitarbeiter an das Unternehmen haben.[65] Dadurch kann das Unternehmen sein Talent definieren.

---

[60]   Vgl. Capelli (2008), S.1

[61]   Vgl. Ritz / Sinelli (2010), S.8

[62]   Vgl. Enaux / Henrich (2011), S.11

[63]   Vgl. Gatzke / Gutmann (2015), S.25

[64]   Vgl. Lichtsteiner (2017), S.47

[65]   Vgl. Dahlmanns (2014), S.10

Mithilfe des Generationenbegriffs werden die Werteverschiebungen und somit der Wandel in der Allgemeinheit aufgezeigt von aufeinander folgenden Altersklassen. Die Eigenschaften machen sich in Verhaltensweisen, Anforderungen, Moralvorstellungen und Fähigkeiten deutlich.[66]

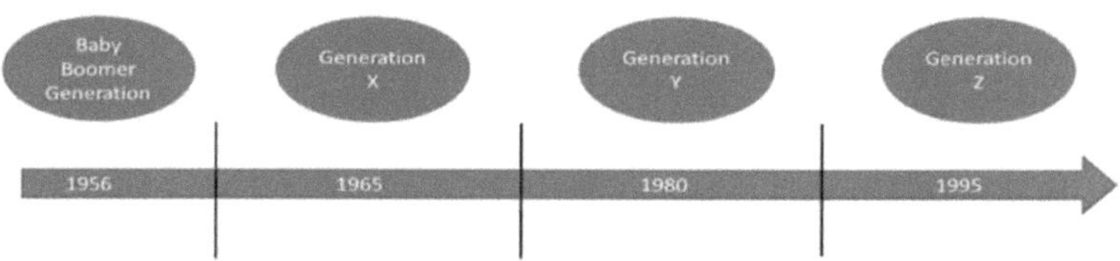

Abbildung 4: Generationstypologie
(Quelle: eigene Darstellung in Anlehnung an Dahlmanns (2014), S.12ff.)

Die älteste hier dargestellte Generation des Arbeitsmarktes ist die Baby-Boomer-Generation. Der Name folgt aus den Jahrgängen nach dem zweiten Weltkrieg, die eine hohe Geburtsrate aufzeigen. Die Alterseingrenzung betrifft gemäß deutscher Literatur die Jahrgänge 1956 bis 1966. Neben der Bezeichnung Baby Boomer Generation, wird mit diesen Jahrgängen auch das Wort „Krisenkinder" in Verbindung gebracht. Diese Altersklasse hat wirtschaftliche Konflikte wie die Ölkrise in den 1970er Jahren erlebt. Trotz dessen hat es positive Veränderungen der Arbeitsbedingungen gegeben. Der Einfluss der Gewerkschaften ist gewachsen, damit unter anderem auch das Gehalt und die Arbeitszeiten sind angepasst worden. In der heutigen Zeit haben die Baby Boomer das mittlere und höhere Arbeitsalter erreicht, sich in der Arbeitswelt durchgesetzt und besetzen somit unter anderem Führungspositionen. Die Gesellschaft, in der diese Generation herangewachsen ist, hat Kollektivität aufgezeigt. Dadurch sind sie in ihrem Vorhaben von ihren Mitmenschen einem hohen Druck ausgesetzt und mussten sich in Komparation einer individualistischen Gesellschaftsstruktur zusätzlich rechtfertigen.[67]

In der Zeit der Baby-Boomer-Generation ist die Zukunft von einer anderen Seite betrachtet worden. Die politische und wirtschaftliche Lage ist zu der Zeit differierend gewesen. Die Märkte sind von einer Linksorientierung gekennzeichnet worden, es herrschte ein Mangel an Waren und nicht, wie in der heutigen Zeit, von Warenüberfluss. Alltäglich auf ihr Eigentum zu achten, ist die Pflicht dieser Generation

---

[66] Vgl. Oertel (2014), S.28
[67] Vgl. Dahlmanns (2014), S.14f

gewesen. Das Kaufverhalten ist sachlich und emotionslos beurteilt worden. Funktionalismus ist eine bedeutende Eigenschaft der Baby Boomer. Dies ist ebenfalls im Arbeitsleben beobachtet worden. Arbeit ist für die Generation eine Pflicht. Neben diesen Werten ist Handeln mit Vernunft großgeschrieben worden. Die Baby-Boomer-Generation hat Unternehmen und Organisationen stark beeinflusst. Da diese in den nächsten Jahren den Ruhestand antreten werden, folgen immer mehr Veränderungen auf dem Arbeitsmarkt. [68]

Die anschließende Generation, die eine Rolle auf dem Arbeitsmarkt spielt, wird Generation Golf oder auch Generation X genannt. Damit sind die Jahrgänge zwischen 1965 bis 1980 gemeint. Sie sind nicht mehr durch die Nachkriegszeit geprägt, dennoch ist die wirtschaftliche Lage des Arbeitsmarktes auffällig geworden, sowie die Schwierigkeit des beruflichen Ein- und Aufstiegs.[69] Sie haben das Ereignis der verschwundenen New-Economy-Blase am Ende der 1990er Jahre miterlebt. Mit dem Anstieg der Arbeitslosigkeit, aber auch mit Lohnsteigerungen sind neue Werte entstanden. Von Bedeutung sind Besitztum, Werdegang und Sicherheit.[70]

Im Gegensatz zur Generation Baby Boomer, die sorgenfrei und positiv herangewachsen ist, musste die Generation Golf schnell erwachsen werden. Da immer mehr Mütter berufstätig geworden sind, blieb diese Generation sich selbst überlassen oder ihren Geschwistern. Weiterhin ist die Scheidungsrate gestiegen und daraus resultieren mehr alleinerziehende Elternteile und ebenfalls Patchwork-Familien.[71]

Die Generation verfügt über Merkmale wie Kreativität oder technologische Kenntnisse, ist aber gleichzeitig von Skepsis geprägt. Wichtig ist Personen dieser Jahrgänge, sich abzusichern.[72]

1993 ist der Begriff „Y-Generation" in dem US-Fachmagazin Ad Age erwähnt worden. In dem Magazin ist die Konsumvorliebe der Menschen, die in den Jahren 1980 bis 1990 geboren sind, angesprochen worden. Weitere Quellen zeigen andere

---

[68]   Vgl. Parment (2009), S. 21ff
[69]   Vgl. Dahlmanns (2014), S.15
[70]   Vgl. Eberhardt (2016), S. 40f
[71]   Vgl. Mangelsdorf (2015), S.16
[72]   Vgl. Oertel (2007), S.26

Zeiträume an. So umfasst eine andere Begriffserklärung beispielsweise Personen, die im Jahr 1984 geboren worden sind.[73]

Des Weiteren gibt es für diese Generation weitere Bezeichnungen wie Generation Why, Millennials, Nexters oder Next Generation.[74]

Die Fachliteratur zeigt unterschiedliche Einflüsse, welche die Generation Y geformt haben. Dazu gehören historische Geschehnisse, wie beispielsweise die Wiedervereinigung von Ost- und Westdeutschland durch den Mauerfall.

Abgesehen von den geschichtlichen Ereignissen zählen Einflüsse der Globalisierung, der technologische Fortschritt und gesellschaftliche Veränderungen dazu.[75]

Die Generation Y wird als „digital natives" betitelt. Sie wachsen mit dem Internet auf, kennen die neuen Medien und Kommunikationskanäle. Das Nutzen des Internets ist für sie eine Selbstverständlichkeit. Außerdem sind sie größtenteils in fürsorglicher Umgebung aufgewachsen und werden innerhalb der Familie bei Entscheidungen miteinbezogen. Um in Kontakt zu Freunden und Bekannten zu bleiben, nutzen sie soziale Netzwerke. Durch die 24 Stunden Erreichbarkeit werden sie die „Always-on-Generation" genannt. Auch gegenüber der Arbeitswelt stellen sie sich neuen Herausforderungen. Die Millennials bestehen auf Entwicklungsmöglichkeiten, Arbeit mit Sinngehalt, Mitbestimmung und regelmäßige Rückmeldungen. In der modernen Arbeitswelt mit Internetnutzung oder Cloud-Computing sind sie der richtige Ansprechpartner. Der traditionelle hierarchische Aufstieg gilt als unattraktiv.[76]

Für Unternehmen bringen diese Jahrgänge neue Herausforderungen mit sich. Sie gelten als wichtige Ressource, um die Personen zu gewinnen und zu binden. Die Arbeitgeber sind dazu aufgefordert, auf die Bedürfnisse und Ansprüche der Personen Rücksicht zu nehmen.[77] Der Einstieg der 80er-Generation in den Arbeitsmarkt hat Einfluss auf die Wirtschaft, das Talentmanagement und das Berufsleben. Da die Perspektiven der Zukunft immer mehr Möglichkeiten bieten, denkt das Individuum über differenzierte Lebensausrichtungen nach. Die Inspiration von zahlreichen

---

[73] Vgl. Parment (2009), S.16

[74] Vgl. Lichtsteiner (2017), S.47

[75] Vgl. Bröckermann / Dahlmanns (2014), S.18

[76] Vgl. Eberhardt (2016), S. 42

[77] Vgl. Schudy / Wolff (2014), S.97

Informationen und Möglichkeiten, die in der Allgemeinheit geboten werden, lässt jeden Einzelnen über seinen Werdegang nachdenken. Diese Generation ist mit der Vielzahl von Möglichkeiten vertraut und die Besorgnis vorheriger Generationen sind für diese nicht von Bedeutung.[78]

Der Altersgruppe werden Charakterzüge wie Innovativität, Kreativität und technologisches Verständnis zugesprochen. Außerdem sind die A-Performer auf sozialen Netzwerken stark vertreten.[79]

Schon im Studium wird der Generation nahegelegt, in den ersten Jahren verschiedene Arbeitgeber und Arbeitsplätze zu durchlaufen, um eine gewisse Flexibilität zu gewährleisten, ansonsten würden ihre Karrierechancen sinken. Die Neueinsteiger wollen ebenfalls nicht permanent für den gleichen Arbeitgeber arbeiten. Bevorzugt möchten sie in mehreren Ländern, verschiedenen Branchen und Unternehmen tätig sein, um die Arbeitswelt mit Erfahrungen zu füllen.[80] Loyalität hat für die Altersgruppe einen anderen Kerngedanken. Die Zeitspanne der Zugehörigkeit an einen Betrieb muss nicht betont sein, sondern die Produktivität der Arbeitsergebnisse. Das Gefühl der Verpflichtung fällt nicht gegenüber dem Arbeitgeber, jedoch ihrer Tätigkeit und den Arbeitskollegen. In vorherigen Zeiten sind Bewerber mit häufigem Arbeitgeberwechsel skeptisch betrachtet worden. Heute jedoch gilt dies als ein erfolgsversprechendes Kriterium.[81]

Die in der heutigen Zeit neuste Generation ist mit dem Beginn des Geburtsjahrgangs 1995 die Generation Z. Diese behaupten sich dadurch, in einer behüteten Umgebung aufzuwachsen. Neben den Eltern sind ebenfalls Einrichtungen, wie Kindergarten und Schule dafür verantwortlich. Ihnen werden klare Strukturen vorgelebt. Ein weiteres Kennzeichen ist die Entwicklung der Digitalisierung. Für sie gibt es kein Leben ohne Smartphone, Laptop oder sozialen Netzwerken wie Facebook.[82] Es ist zu beobachten, dass es dieser Generation besser geht, als jeder Generation vorher. Dazu zählen die Ausweitung der Kindertagesstätten und die Ganztagsschulangebote. Kinder und Jugendliche werden ernster genommen.[83]

---

[78] Vgl. Parment (2009), S.15-17
[79] Vgl. Hubschmid – Vierheilig / Thom (2018), S.166
[80] Vgl. Parment (2009), S.27f
[81] Vgl. Hubschmid – Vierheilig / Thom (2018), S.166
[82] Vgl. Adamaschek / Vatanparast (2018), S.54
[83] Vgl. Klaffke (2014), S.14

Auch wenn diese Altersklasse noch zum größten Teil den Schul- oder Studienabschluss anstrebt, müssen Unternehmen sich bereits auf den Eintritt dieser vorbereiten. Work-Life-Balance wird von ihnen negativ betrachtet, da sie von ihren Vorgängern mitbekommen haben, dass die Arbeit oft mit nach Hause genommen wird. Von dieser Generation wird geregelte Arbeitszeit als Anforderung gesetzt, also eine Work-Life-Separation. Womit kann der Arbeitgeber seine Attraktivität für diese Generation zeigen? Zuerst legt diese Generation Wert auf Unternehmen, die eine hohe Medienpräsenz aufweisen. Gerade Internetplattformen, wie beispielsweise Instagram, sind schwer zu vermeiden. Weiterhin ist die Altersgruppe von persönlichen Empfehlungen begeistert. Es eignen sich Personen aus dem eigenen Umfeld, deren Meinung sie Vertrauen schenken. Dazu zählen auch Influencer, die ein Unternehmen repräsentieren. Auf der einen Seite können dies promiente Personen sein von Webseiten, wie beispielsweise YouTube oder junge Menschen, die im Unternehmen arbeiten und dieses repräsentieren.

Ein weiterer Aspekt, der für die Generation Z von Bedeutung zu sein scheint, ist die Arbeitsumgebung. Ihnen sollte genug Freiraum zur Entfaltung stehen. Diesbezüglich ist Weiterbildung ein wichtiges Thema. Bieten Konzerne ihren Mitarbeitern Weiterbildung an, entsteht eine Win-win-Situation.

Obwohl der Generation Z negativ gegenübergetreten wird, da diese als arbeitsfaul und egoistisch gesehen wird, sind sie eine Altersklasse mit eigenen Wertvorstellungen und Anforderungen an die Arbeitswelt.[84]

Bei der Betrachtung der genannten Generationen sind große Unterschiede festzustellen. Jede Generation hat ihre eigenen Werte und Vorstellungen vom Arbeitgeber. Inwieweit sich die Veränderungen der einzelnen Generationen auf Prozesse und das Beschaffen des Personals auswirkt, zeigt sich in den nachfolgenden Kapiteln.

3.3 Zwischenfazit

Für den Begriff Talent ist keine einheitliche Definition gegeben. Unternehmen müssen intern entscheiden, welche Person sich als talentiert herausstellt. Sowohl das klassische Modell, als auch das moderne Modell, zeigen zwei differenzierte Verständnisse auf. Dies gilt auch für den integrierten und den konventionellen Ansatz.

---

[84] Vgl. Adamaschek / Vatanparast (2018), S.54f

Der Begriff nimmt im Zusammenhang mit Talent Management an Komplexität zu. Die Herausforderung ist demnach, geeignete Mitarbeiter zu finden, in der richtigen Position einzusetzen und weiterzuentwickeln. Denn Talent Management spielt für den Erfolg des Unternehmens eine wesentliche Rolle. Um das Verständnis für die Bewerber und das Personal aufzubringen, ist die Entwicklung der verschiedenen Generationen zu betrachten. Die hier älteste Generation ist die Baby-Boomer-Generation. Sie ist mittlerweile im mittleren und höheren Arbeitsalter. Auf diese Generation folgt die Generation X, die durch die erschwerte Situation des Findens einer Arbeitsstelle der Pflicht zum Arbeiten nachgesagt wird. Nach 1980 beginnt die Zeit der Generation Y. Diese ist mit dem Internet aufgewachsen und wird mit dem Titel digital natives in Verbindung gebracht. In Bezug auf die Arbeitswelt macht diese Generation sich viele Gedanken über die verschiedenen Möglichkeiten, die ihnen zur Verfügung stehen. Die heute neuste Generation nennt sich Generation Z und wird als behütet aufgewachsen beschrieben. Smartphone, Laptop und soziale Netzwerke sind für sie unverzichtbar. Unternehmen sind durch die Denkweisen der Generationen dazu gezwungen, sich anzupassen und ihre Strukturen zu verändern, um langfristig gute Mitarbeiter zu gewinnen.

Für das nachfolgende Kapitel ist zum einen relevant, dass Talent vom Unternehmen unterschiedlich definiert wird und zum anderen, dass jede Generation voneinander abweichende Vorstellungen hat.

4 Kernbereiche des Talentmanagements

In der Zeit des „War for Talents" besteht die Relevanz darin, die richtigen Talente zu gewinnen, die für das Unternehmen durch ihre Leistung von Bedeutung sind. Im Anschluss die Potenziale zu identifizieren und langfristig an das Unternehmen zu binden.[85] Die Vorgehensweise von Talent Management ist bewusst, durchdacht und individuell auf das Unternehmen zugeschnitten.

In diesem Kapitel wird der Talent Management-Kreislauf veranschaulicht und die Kernbereiche anhand einer Auswahl relevanter Instrumente und Methoden erklärt.

4.1 Talent Management Kreislauf

Für den Unternehmenserfolg ist es immer wichtiger das richtige Personal an Bord zu haben.[86] Doch stellt sich die Frage, wie ein Konzern an die Mitarbeiter gelangt, die relevant für die vakanten Stellen sind. Dazu wird der abgebildete Prozesskreislauf näher betrachtet. Die Kernbereiche Gewinnen, Identifizieren, Entwickeln, Einsatz und Bindung, sowie Abgang und Erhaltung bilden einen verständlichen Kreislauf.

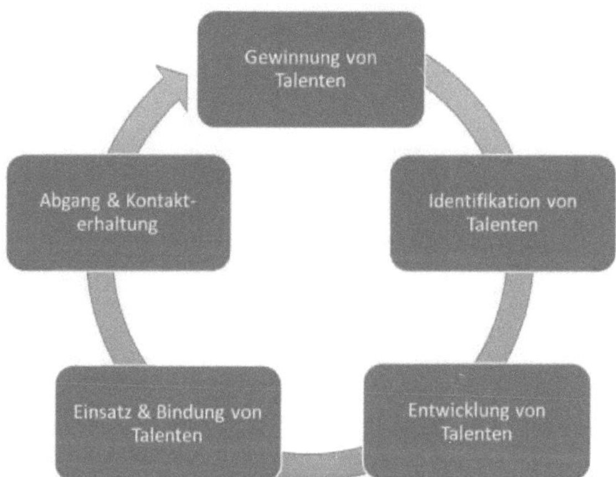

Abbildung 5: Talent-Management-Kreislauf
(Quelle: Eigene Darstellung in Anlehnung an Ritz / Sinelli (2010), S.11.)

---

[85] Vgl. Wessling (2002), S.82
[86] Vgl. Gutmann / Schwuchow (2015), S.375

Gewinnen wird im Zusammenhang mit Beschaffung und Auswahl von Talenten gesehen. Im Talent Management spielt bei der Gewinnung ebenfalls das Personalmarketing eine Rolle, da bestimmte Talente individuell angesprochen werden müssen.[87] Ist ein potenzieller Kandidat gefunden, ist zu klären, ob es sich bei der Person um ein Talent handelt, welches für die freie Stelle eingesetzt werden kann.[88] Die Möglichkeiten wie sich ein Talent identifizieren lässt, wird in Kapitel 4.3 dargestellt. Um fehlende Kompetenzen zu begleichen, ist die Entwicklung der Talente vorgesehen. Die Planungsphase dient dafür die Frage zu klären, welche Kompetenzen das Talent entwickeln soll, damit es sich in der Zukunft den Herausforderungen stellen kann.[89] Der nächste Schritt ist im Anschluss das Talent effizient einzusetzen und durch Vorzüge des Unternehmens zu binden. Um wettbewerbsfähig zu bleiben, ist die langfristige Fachkräftesicherung vorteilbringend.[90] Entscheidet sich ein Talent das Unternehmen zu verlassen, kann mittels der Kontakterhaltung eine Chance für eine spätere Wiederzusammenarbeit helfen.

Der dargestellte Kreislauf zeigt eine Variation auf, wie ein Prozess im Talent Management aussehen kann. Das Unternehmen erarbeitet ausgehend von seiner Talent-Definition, den geeigneten Prozess eigenständig aus.[91] Als Resultat ergibt sich hierbei, dass es mehrere Optionen für einen Kreislauf im Talent Management gibt.

4.2 Gewinnung von Talenten

Der wachsende Mangel an Talenten bringt für die Unternehmen eine Herausforderung mit sich. Arbeitgeber sind dazu aufgefordert, sich Gedanken zu machen, um qualifiziertes Personal zu gewinnen.[92] Mithilfe des Personalmarketings werden Alleinstellungsmerkmale zusammengetragen, die das Unternehmen in Opposition zu ihrer Konkurrenz hervorheben lässt. Die Vorführung eines Nutzungsversprechens, die auch Value-Proposition genannt wird, zeigt beispielsweise durch flexible Arbeitszeitmodelle, die Vorteile der Firma auf.[93] Der allgemein bekannte Prozess ist die Bewerbung der potenziellen Mitarbeiter für offen geschaltete Stellenanzeigen.

---

[87] Vgl. Ritz / Thom (2010), S.14
[88] Vgl. Enaux / Henrich (2011), S.24
[89] Vgl. Steinweg (2009), S.33
[90] Vgl. Kamluk (2017) S.13
[91] Vgl. Heller / Ruf (2009), S.122
[92] Vgl. Schaper (2009), S.30
[93] Vgl. Steinweg (2009), S.31

Um potenzielle Bewerber zu kontaktieren, stehen eine Diversität an Strategien zu Verfügung. Die Beauftragung von Personalberatungen oder Headhunting stellen Beispiele hierfür dar. Zusätzlich errichten Konzerne weitere Möglichkeiten zur Bewerberansprache, wie Bewerberplattformen, berufliche Netzwerke oder das Hochschulmarketing. Die Erklärung der zuvor genannten Möglichkeiten wird in Kapitel 5 beschrieben.

Zu den innovativeren Methoden der Gewinnung von Talenten zählt zusätzlich das Talent Relationship Management (TRM), welches immer häufiger in Unternehmen zum Einsatz kommt.[94] Tätigkeiten des TRM beziehen sich gesondert auf Schlüsselfunktionen. Diese stellen Funktionen dar, die für einen Konzern einen exzeptionellen wettbewerbsrelevanten Wert darstellen. Die Gewinnung begabter Mitarbeiter ist diffiziler als das Einstellen von durchschnittlichen Mitarbeitern. Essenzieller Bestandteil von TRM ist die Betrachtungsweise, dass zukünftig die Applikanten sich nicht mehr beim Konzern bewerben, sondern das Unternehmen die für sie attraktiven Bewerber kontaktieren muss. Um beim zukünftigen Mitarbeiter Eindruck zu schaffen, ist die Attraktivität des Arbeitgebers relevant.[95] Zusätzlich gehört zum TRM das Aufbauen eines Talent-Pools. Der Talent-Pool ist eine Datenbank, in dieser werden die Kandidaten gespeichert und bei Ausschreibung einer vakanten Stelle wird revidiert, ob ein potenzielles Talent eingesetzt werden kann.[96]

4.3 Identifikation von Talenten

Um ein Talent zu identifizieren, muss die Frage der Definition von Talent im Unternehmen geklärt sein. Welche Merkmale, Begabungen oder Besonderheiten zeichnen ein Talent aus? Worin liegt der Unterschied zu einem „Nichttalent" und mit welchen Methoden und Prozessen können die gewünschten Eigenschaften zum Vorschein kommen?[97]

Das Unternehmen sollte eine systematische Vorgehensweise bestimmen, über welche Kriterien ein A-Performer verfügen muss, damit die Ausgestaltung eines

---

[94] Vgl. Trost (2012), S.18

[95] Vgl. Trost (2012), S.19f

[96] Vgl. Gutmann / Schwuchow (2015), S.395

[97] Vgl. Enaux / Henrich (2011), S.24

Bewerbungsprozesses oder der Auswahlgespräche erfolgen kann. Das ausgewählte Verfahren resultiert aus der Bestimmung des Talentbegriffs.[98]

Die grundlegenden Indikatoren eines Talents liegen nicht in der sichtbaren Leistung eines Arbeiters, sondern in seinen Fähigkeiten und in der Ausprägung seiner Kompetenzen. Der Faktor Leistung kann leicht verständlich aufgezeigt werden. Dazu werden Kennzahlen oder Größen gemessen, die sachlich überprüft werden. So ist beispielsweise im direkten Bereich, wie in der Produktion die Performance eines Angestellten über die Stückzahl und die Qualität seiner produzierten Elemente zu bewerten.[99] Folgend kann festgestellt werden, dass eine Auffassung dieser Art nicht in allen Bereichen angewendet werden kann. Aus diesem Grund werden weitere Kriterien berücksichtigt. Diese können sich auf Qualitätskriterien beziehen, wie geringe Fehlerquoten oder auch Verhaltenskriterien, wie Teamfähigkeit und Verhandlungssicherheit. Die Kombination von mehreren Kriterien führt zur aufschlussreichen Performancebewertung.

Die Beobachtung von Potenzial und Kompetenz eines Angestellten erfolgt dagegen indirekt. Die Messung der Kompetenzen von Mitarbeitern fördert die Einschätzung, ob dieser den zukünftigen Aufgaben gewachsen ist. Daraus ergibt sich das Ergebnis, ob Personalentwicklungsmaßnahmen oder Beschaffungsmaßnahmen notwendig sind. Zur Beantwortung dienen verschiedene Verfahren. Dazu zählen die Beurteilung von Vorgesetzen, Gespräche mit Mitarbeitern, Eigenbewertung und selbst erstellte Beurteilungssysteme.[100]

Der dritte zu berücksichtigende Faktor betrifft die Messung des Potenzials eines Angestellten. Im Gegensatz zur Messung von Leistung und Kompetenz ist die Potenzialmessung deutlich schwieriger. Zum einen ist dies dem nebulösen Potenzialbegriff geschuldet und zum anderen der Komplexität der Beobachtung dieses Faktors. Im deutschen Sprachgebrauch, sowie im Unternehmen ist ein einheitliches Verständnis des Begriffs „Potenzial" definiert. Der kleinste gemeinsame Nenner der Definition wird in der Fähigkeit „anspruchsvolle Aufgaben erfolgreich zu bewältigen" gesehen. Die Schwierigkeit der Beobachtung von Potenzial liegt darin, dass eine Einschätzung über jemanden erfolgt, der die Aufgabe niemals zuvor durchgeführt hat. Aus diesem Grund muss das Potenzial über andere Methoden

---

[98] Vgl. Gatzke / Gutmann (2015), S.34
[99] Vgl. Enaux / Henrich (2011), S.24
[100] Vgl. Gatzke / Gutmann (2015), S.35

ermittelt werden, um eine valide Potenzialeinschätzung garantieren zu können. Im Endergebnis haben sich zwei Ansätze etabliert: Auf der einen Seite der Einsatz von situativen Verfahren, wobei der Mitarbeiter mit einer fordernden Situation konfrontiert wird und die erbrachte Leistung als Potenzial betrachtet wird. Ein Beispiel dafür ist die Durchführung eines Assessment Centers (AC).[101] Der Begriff setzt sich zusammen aus „to assess", was in Deutsch übersetzt „einschätzen" oder „beurteilen" heißt und aus „Center", was übertragen „Mitte" bedeutet. Das AC zeigt ein Vorgehen, indem mithilfe von Übungen und Testverfahren eine Bewertung des Bewerbers erstellt werden kann. Die potenziellen Arbeitskräfte werden in Situationen hineinversetzt, die charakteristisch für die beworbene Stelle sind. Die beobachtenden Personen ziehen Rückschlüsse der Verhaltensweisen des Kandidaten. Assessment Center finden meist mit einer Gruppe aus mehreren Kandidaten statt und die Dauer ist zwischen ein und drei Tagen. Das Ziel der Methode ist die Leistungsfähigkeit des Bewerbers zu ermitteln und einzuschätzen, wie dieser in das Unternehmen passt. Aber nicht nur seine Leistungen sind entscheidend, sondern auch Persönlichkeitsmerkmale und Sozialverhalten.[102]

Auf der anderen Seite wird die Inanspruchnahme von Potenzialtreibern betrachtet, wobei der Fokus bei ausgewählten Kompetenzen liegt, woraus sich eine Potentialeinschätzung herleiten lässt.[103]

Um einen Überblick der Qualifikationen zu bekommen, bietet sich die Anwendung der Performance-Potenzial-Matrix[104] an, die auch als 9-Box-Assessment[105] bekannt ist an. Sind die Kompetenzen des Talents analysiert worden, kann der Arbeitgeber den Mitarbeiter hinsichtlich seines Potenzials und seiner Leistung einordnen.

---

[101] Vgl. Gatzke / Gutmann (2015), S.38

[102] Vgl. D. Brenner / F. Brenner (2010), S.12ff

[103] Vgl. Enaux / Henrich (2011), S.27

[104] Vgl. Steinweg (2009), S.147

[105] Vgl. Bohlander / Snell (2010), S.203

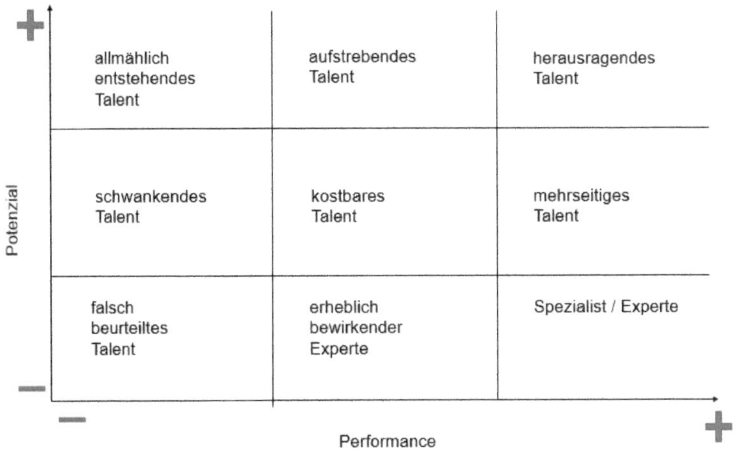

Potenzial (+)		
allmählich entstehendes Talent	aufstrebendes Talent	herausragendes Talent
schwankendes Talent	kostbares Talent	mehrseitiges Talent
falsch beurteiltes Talent	erheblich bewirkender Experte	Spezialist / Experte

Performance (– → +)

Abbildung 6: Performance-Potenzial-Matrix
(Quelle: eigene Darstellung in Anlehnung an Steinweg (2009), S.147.)

Um Talente intern zu identifizieren, setzt das Unternehmen Talent-Scouts ein, die potenzielle Nachfolger für vakante Stellen ermitteln. Ebenfalls werden sie auch als interne Head-Hunter betitelt. Sie pflegen den direkten Kontakt zu hochbegabtem Personal und gehören zum Senior-Management, denn dadurch verfügen sie über ein entsprechendes Netzwerk und kennen das Unternehmen.[106]

Eine andere interne Vorgehensweise um Talente im Unternehmen zu finden, zeigt das Talent Review Meeting. Die Talentmanager oder die zuständige Führungskraft schätzt die Leistung der ausgewählten Mitarbeiter hinsichtlich ihres Potenzials ein. Es müssen gezielte Maßnahmen für die Entwicklung der Talente durchgeführt werden. Diese können hinsichtlich On-the-Job oder Near-the-Job-Maßnahmen erfolgen, wie beispielsweise Coaching oder Job Rotation.[107]

---

[106] Vgl. Steinweg (2009), S.30
[107] Vgl. Gatzke / Gutmann (2015), S.118ff

4.4 Entwicklung von Talenten

Talente stellen ein entscheidendes Gut im Unternehmen dar. Damit ein Unternehmen Erfolg hat, ist die Qualität der Mitarbeiter ein wesentlicher Faktor. Aus diesem Grund müssen Unternehmen auch in die Entwicklung ihrer begabten Mitarbeiter investieren.[108]

Die Entwicklungsplanung dient dazu, dass Maßnahmen eingerichtet werden, welche die Kompetenzlücken von der Verbindung zu Ist- und Soll-Anforderung schließen.[109] Ausschlaggebend ist die Antwort auf die Frage, welche Bedingungen für den Konzern strategisch bedeutsam sind. Die Maßnahmen werden gruppenspezifisch entwickelt. Da Talente rapider lernen als die Durchschnittsmitarbeiter und spezifisch für Schlüsselpositionen entwickelt und gefördert werden, beziehen sie gesonderte Programme. In Personalkonferenzen werden ihre Entwicklungsbereiche priorisiert.

In der Regel werden für Mitarbeiter aller Ebenen Entwicklungsmaßnahmen „On-the-Job" und „Off-the-Job" angewendet.[110] On-the-Job-Maßnahmen finden am Arbeitsplatz statt und Off-the-Job-Maßnahmen außerhalb des Arbeitsplatzes. Während die Anwendung von On-the-Job-Maßnahmen eine hohe Aktivität des Personals fordert und auf jeden Mitarbeiter individuell angepasst wird, damit die Schulung durch „learning by doing" erfolgen kann, können bei der Methode von „Off-the-Job" aktive sowie auch passive Verfahren angewendet werden. Keine der genannten Maßnahmen kann priorisiert werden, da sie sich maßgeblich beeinflussen und im Zusammenwirken die besten Resultate erzielen.[111] On-the-Job-Maßnahmen machen es möglich, neue Erkenntnisse in langfristiges Handeln umzuwandeln, indem Mitarbeiter durch herausfordernde Aufgaben, innovative Lernmethoden und Teamarbeit neue Fertigkeiten ziehen und ihre Kompetenzen intensivieren. Zusätzlich fördern Aufgaben, wie beispielsweise das Arbeiten an internationalen Sachverhalten oder Präsentationen von Vorträgen die Entwicklung. Darüber hinaus gehören auch Formen der Arbeitsgestaltung zur Entwicklungsförderung.[112] Dazu gehören:

---

[108] Vgl. Gatzke / Gutmann (2015), S.131

[109] Vgl. Steinweg (2009), S. 32

[110] Vgl. Steinweg (2009), S.175

[111] Vgl. Jung (2011), S.281

[112] Vgl. Steinweg (2009), S.176

- Job-Rotation: Hierbei handelt es sich um den Tausch vom Arbeitsplatz oder den Arbeitsaufgaben. Der Wechsel kann auch demographisch bedingt sein. Die Mitarbeiter bekommen die Möglichkeit, ihre Kenntnisse und Fähigkeiten zu erweitern. Somit wird die Arbeitsplatzmonotonie vermieden.[113]

- Job-Enrichment: Diese Methode umfasst die Ausweitung des bisherigen Aufgabengebiets durch die Erweiterung der Entscheidungsbefugnis oder die Übernahme von Führungsaufgaben. Der Mitarbeiter übernimmt Sonderaufgaben wie etwa die Mitgliedschaft eines wichtigen Ausschusses.

- Job-Enlargement: Die Methode zeigt die Vergrößerung der bisherigen Aufgaben. Innerhalb seines Arbeitsbereiches übernimmt der Mitarbeiter zusätzliche Tätigkeiten. Jedoch findet keine Erweiterung des Entscheidungsspielraumes statt.[114]

Bei den Off-the-Job-Maßnahmen wird überwiegend theoretisches Wissen vermittelt und Verhaltensweisen erlernt. In diesem Zusammenhang werden Situationen nachgestellt, für die eine Problemlösung gefunden werden soll. Hierzu zählen zum Beispiel:

- Vortrag, Referat und Vorlesung: Die Methode dient zur systematischen Vermittlung. Eine beliebige Anzahl an Zuhörern bekommt die Chance auf Wissenserweiterung.

- Fallstudien: Ein Problemfall des Arbeitsalltags wird in einer Fallstudie dargestellt. Die Gruppe muss für den jeweiligen Fall in einer bestimmten Zeit einen Lösungsvorschlag erarbeiten. Anschließend erfolgt ein Vortrag, bei dem theoretisches Knowhow mit praktischen Erfahrungen verknüpft wird.[115]

Speziell für Mitarbeiter mit überdurchschnittlicher Leistung sind gesonderte Entwicklungsprogramme vorgesehen. Diese können beispielsweise in einem Zeitrahmen von drei bis zwölf Monaten ablaufen und beinhalten diverse Module und auch Auslandsaufenthalte. Oft sind diese in Kooperation mit Universitäten verbunden. Neben dem theoretischen Teil arbeiten die Talente an Projekten. Die Entwicklungsprogramme sind entsprechend den Zielen des Unternehmens aufgebaut. Sie

---

[113] Vgl. Jung (2011), S.286
[114] Vgl. Peterke (2006), S.216f
[115] Vgl. Jung (2011), S.292f

werden also von Professoren sowie auch von Managern des Unternehmens betreut. Die Teilnehmer erfahren, welche Erwartungen das Unternehmen an sie hat.[116] Die zuvor genannten Methoden beziehen sich ebenfalls auf das Nachwuchsförderungs-Programm „Trainee". In den letzten Jahren bieten immer mehr Unternehmen Trainee-Programme zur Entwicklung besonders überdurchschnittlicher Mitarbeiter an. Primär wird das Programm für Absolventen der Studienrichtung Wirtschaftswissenschaften angeboten. Idealerweise ist das Trainee-Programm im Konzept der Personalentwicklung eines Unternehmens miteingebunden.[117]

Da sich jedes Talent individuell entwickelt, braucht auch jeder von ihnen eine separate Betrachtungsweise. Ein entscheidender Baustein in der Entwicklung von Talenten ist daher das Fördergespräch. Dieses ist ebenfalls als Laufbahngestaltungs- oder Nachfolgegespräch möglich. Teilweise wird das Gespräch mit einer Beurteilung kombiniert, jedoch überwiegen beim Fördergespräch zukunftsorientierte Kriterien. Praktisch werden diverse Varianten genutzt wie z.B.:

- Vier-Augen-Gespräche,

- Gruppengespräche,

- 100-Tage-Gespräche.

Für den Angestellten bietet das Gespräch die Möglichkeit seine Wünsche im Hinblick seiner zukünftigen Entwicklung zum Ausdruck zu bringen. Jedoch sollten auch Informationen über die Möglichkeiten, die dem Mitarbeiter geboten werden, vorhanden sein. Letztendlich muss festgelegt werden, welche der besprochenen Maßnahmen die nächsten Schritte des Mitarbeiters sein werden. Zusätzlich wird eine Zielvereinbarung getroffen, damit bei dem nächsten Gespräch eine Diskussion über die Erreichung der Ziele erfolgen kann.[118]

Ein weiteres Verfahren, welches häufig zur Beurteilung von Führungskräften, aber auch Talenten genutzt wird, ist das 360° Feedback. Diese Methode dient dazu, die Kompetenzen der beurteilten Person im Ist- und Sollzustand darzustellen und zu einem gewünschten Anforderungsprofil verhelfen.[119] Ebenfalls kann es zur Aufzeigung der Stärken und Schwächen genutzt werden. Im Unterschied zum Förder-

---

[116] Vgl. Steinweg (2009), S.178f

[117] Vgl. Nasemann / Thom (2010), S.26f

[118] Vgl. Gatzke / Gutmann (2015), S.138f

[119] Vgl. Sarges / Scherm (2002), S.1

gespräch werden die Talente von Personengruppen beurteilt, die beruflich mit ihnen im Kontakt stehen. In diese Gruppe fallen:

- der direkt unterstellte Mitarbeiter des Talents,
- der Vorgesetzte,
- elementare Kunden,
- Mitarbeiter der gleichen Ebene, die im engen Kontakt zum Talent stehen,
- der Talentmanager bzw. der Verantwortliche des Talent-Pools und
- die Selbsteinschätzung des Talents.[120]

Die Beurteilung der verschiedenen Personengruppen zeigt einen multi-perspektivischen Blick auf das Talent. Mit der Methode sollen verzerrte Einschätzungen vorgebeugt werden.[121] Weiterhin eignet es sich zur Erkennung von Soft Skills, wie beispielsweise Konfliktlösung oder Motivationsfähigkeit.[122]

Im Hinblick auf die technologischen Einflüsse und der veränderten Ansprüche der jüngeren Generationen wandelt sich die Personalentwicklung. Mitarbeiter entwickeln sich auch unabhängig von ihrem Unternehmen. Die Rede ist vom „Lernen 2.0" oder auch „informelles Lernen". Primär hat das Web 2.0 mithilfe von Wissensquellen, wie YouTube, Blogbeiträgen oder Podcasts, dazu beigetragen. Mittlerweile existieren zu diversen Themen Tutorials oder Diskussionen auf Blogseiten. Podcasts ermöglichen den Zuhörern freien Zugang unabhängig von Zeit und Ort. Aber auch die Nutzung von Plattformen wie beispielsweise XING bietet Mitarbeitern die Möglichkeit, sich frei von Hierarchien auszutauschen.[123] Die Entwicklungsmöglichkeiten der Talente sind vielfältig. Die richtige Wahl der Methode ist dabei entscheidend.

---

[120] Vgl. Gatzke / Gutmann (2015), S.141
[121] Vgl. Sarges / Scherm (2002), S.3
[122] Vgl. Gatzke / Gutmann (2015), S.141
[123] Vgl. Jenewein / Trost (2011), S.12ff

4.5 Einsatz und Bindung von Talenten

Unternehmen investieren nicht allein in die Bindung der Mitarbeiter um Kosten zu sparen oder Mitarbeiter zu halten, sondern um ein engagierteres Arbeiten des Personals zu beobachten. Haben die Mitarbeiter eine Verbindung zum Unternehmen und ihren Aufgaben aufgebaut, führt dies auch zu besseren Ergebnissen.[124] Dabei wird auch vom organisationalen Commitment gesprochen.[125] Aber auch der drohende Fachkräftemangel steuert zur Bedeutung der Bindung von Mitarbeitern bei. Die Aufgabe der Mitarbeiterbindung oder auch Retention genannt, gehört zum Personalmanagement.[126] Andererseits sind auch das Mitarbeiterbindungs- oder Retention-Management vorzufinden, die sich gesondert um die Gestaltung der Bindung bemühen.

Legt ein Unternehmen Wert auf die Talentbindung, zeigt es die Importanz der Mitarbeiter. Bereits nach dem Unterzeichnen des Arbeitsvertrages beginnt der Bindungsprozess, denn schon der erste Eindruck kann bereits über seine Einsatzbereitschaft entscheiden.

Ziel des Aufgabenfeldes ist eine Reduzierung der Fluktuation und damit verbundene Trennungskosten, aber auch ein positives Arbeitgeber-Image zu schaffen.[127]

Bei der MA-Bindung unterscheiden sich verschiedene Formen:

- Die emotionale Bindung ist zur Stärkung individueller Bedürfnisse des Personals. Zum einen beinhalten diese Aktivitäten des Work-Life-Balance und zur Förderung der Teamarbeit, aber auch flexible Arbeitszeitmodelle.

- Die rationale Bindung lässt den Mitarbeiter die Vor- und Nachtteile abwägen, welche seinen Interessen und Zielen betreffen. Diese sind beispielsweise Kinderbetreuung oder betriebliche Altersvorsorge.

- Die qualifikationsorientierte Bindung zentriert Entwicklungschancen, Weiterbildungsmöglichkeiten oder Mitarbeiterförderung.[128]

---

[124] Vgl. Steinweg (2009), S.183

[125] Vgl. Stahl (2013), S.41

[126] Vgl. Kraus / Nöllke / Zielke (2015), S.226

[127] Vgl. Gatzke / Gutmann (2015), S.101f

[128] Vgl. Gatzke / Gutmann (2015), S.103f

Um die Umsetzung und Instrumente der MA-Bindung zu verdeutlichen, wird die Statistik des Unternehmens HAYS betrachtet. Zum einen geht es um die Nachfrage nach den am besten geeigneten Maßnahmen und zum anderen um die Umsetzung im Unternehmen. An der Studie haben 1036 Menschen aus der D-A-CH Region teilgenommen. Gutes Betriebsklima ist mit 57% die wichtigste Maßnahme. 47% setzen dieses Instrument bereits um.[129] Um ein gutes Betriebsklima zu etablieren, sind Faktoren wie beispielsweise Teamgeist, Anerkennung oder eigenständiges Arbeiten relevant.[130] Bedeutungsvoll für die Teilnehmer sind ebenfalls die flexiblen Arbeitszeiten. Bereits 43% haben die Maßnahme im Unternehmen eingeführt. Was ebenfalls wichtig für die Mitarbeiter ist, ist die marktgerechte Entlohnung. Dies wird bei 38% umgesetzt. Hingegen sehen nur 15% der Teilnehmer differenziertes Führungsverhalten als geeignete Maßnahme und die Umsetzung ist auch nur bei 16% zu sehen. Ebenfalls werden Maßnahmen zur Förderung der Gesundheit nur von 15% gewünscht, doch die Umsetzung in Unternehmen ist mit 24% gegeben.[131]

Damit ein Mitarbeiter sich wohl fühlt, gehört auch dazu, dass dieser an dem richtigen Arbeitsplatz eingesetzt wird. Es ist weniger sinnvoll, beispielsweise einen Mitarbeiter, der nicht gut in Kundenkommunikation ist, durch Coaching und Vertriebstraining zu einem Mitarbeiter in der Vertriebsabteilung zu machen. Vielmehr ist der richtige Weg, seine Stärken als Vorteil für das Unternehmen zu nutzen und den Mitarbeiter in dem Bereich einzusetzen, wo dieser qualitative Arbeit leistet.[132] Bei der Zuordnung der erfüllenden Aufgaben des Talents sind qualitative und quantitative, aber auch zeitliche und örtliche Kriterien zu beachten. Die Talente sollen verantwortungsvolle Aufgaben übernehmen oder Projekte führend begleiten, damit sie ihre Freiräume nutzen können.[133]

---

[129] Vgl. https://de.statista.com/statistik/daten/studie/682330/umfrage/umfrage-zu-wichtigen-massnahmen-zur-mitarbeiterbindung-und-deren-umsetzung/
[130] Vgl. Belsch (2016), S.39
[131] Vgl. https://de.statista.com/statistik/daten/studie/682330/umfrage/umfrage-zu-wichtigen-massnahmen-zur-mitarbeiterbindung-und-deren-umsetzung/
[132] Vgl. Kronawitter (2013), S.78
[133] Vgl. Ritz / Sinelli (2010), S.18

4.6 Abgang und Kontakterhaltung

Arbeitgeber müssen, angesichts der wachsenden Dynamik und der Neugier nach neuen veränderten Aufgaben, vermehrt mit Personalabbau rechnen.[134] Die Planung der Laufbahn kann von dem zuständigen Personalbereich oder Talent Management dargelegt werden, jedoch liegt es in der Eigenverantwortung des Talents, wenn es einen Arbeitgeberwechsel vorzieht. Damit der Verlust eines Mitarbeiters sich nicht auf das Unternehmen auswirkt, muss von Arbeitgeberseite für die Lückenschließung innovativ gesorgt werden. Oft ist der Einsatz des Talent-Pools hier erfolgsversprechend.[135] Der Abgang kann grundsätzlich nicht verhindert werden. Der Grund eines Wechsels kann z.B. an der Suche einer neuen Herausforderung liegen oder an der Übernahme einer höheren Aufgabe. Verlässt das Talent das Unternehmen, ist die Kontakterhaltung zu diesem anzustreben, da möglicherweise ein Rückwechsel zukünftig auftreten kann.[136]

4.7 Zwischenfazit

Die Kernbereiche des Kreislaufs stellen dar, wie ein Unternehmen ein Talent für die Besetzung vakanter Stellen findet. Da es immer schwieriger wird, den richtigen Mitarbeiter zu entdecken, müssen Arbeitgeber überlegen, mit welchen Werten sie potentielle Kandidaten überzeugen können. Immer öfter wird das TRM eingesetzt, um Schlüsselpositionen mit überdurchschnittlichen Mitarbeitern zu besetzten. Ebenfalls machen Unternehmen den Gebrauch von Talent-Pools. Hat das Unternehmen ein potentielles Talent gewonnen, stellt sich die Frage, was den Kandidaten von einem „Nichttalent" unterscheidet. Nach den Beobachtungen seiner Leistung, seines Potentials und seiner Kompetenz wird das Talent beurteilt. Außerdem gibt es den Einsatz von Talent-Scouts, die potentielle Kandidaten intern feststellen, aber auch Talent Review Meetings. Wurde ein Talent identifiziert, ist es relevant einen Entwicklungsplan zu erstellen, um Kompetenzlücken zu schließen, aber auch um seine Qualitäten zu fördern. Für Mitarbeiter aller Ebenen werden diesbezüglich „On-the-Job" und „Off-the-Job"-Maßnahmen angewendet. Zusätzlich bieten Unternehmen für überdurchschnittliche Mitarbeiter Entwicklungsprogramme an, wie das Trainee-Programm, das Fördergespräch oder das 360° Feedback. Eine weitere relevante Thematik ist der Einsatz und die Bindung der Talente. Fühlt sich ein

---

[134] Vgl. Ritz / Sinelli (2010), S.19

[135] Vgl. Bösch / Mölleney (2018) S.73f

[136] Vgl. Ritze / Sinelli (2010), S.19

Mitarbeiter im Unternehmen wohl, zeigt er bessere Leistungen. Aus diesem Grund muss der Arbeitgeber seine Attraktivität ins Licht stellen. Durch ein gutes Betriebsklima oder flexible Arbeitszeiten werden positive Merkmale hervorgehoben. Jedoch kann der Arbeitgeber nicht verhindern, dass der Mitarbeiter nach einer Zeit das Unternehmen verlässt. Trotzdem kann durch die Aufrechterhaltung des Kontakts ein Rückwechsel angestrebt werden.

5 Das Internet als Merkmal der Talentakquise

Der „War for Talent" hat, wie bereits in vorherigen Kapiteln beschrieben, einen enormen Einfluss auf die Arbeit des Personalbereiches. In diesem Kapitel kommt ein weiterer Einflussfaktor hinzu: Das Internet. Die sogenannten Digital Natives, die die Nutzung des Internes als Selbstverständlichkeit empfinden, bringen dem Arbeitsmarkt gegenüber neue Herausforderungen mit sich. [137]

In diesem Kapitel wird zuerst die traditionelle Personalbeschaffung betrachtet. Anschließend werden neue Wege und Methoden aufgezeigt, die durch die Entwicklung neuer Technologien und die Anforderungen der neuen Generationen entstanden sind und Veränderungen mit sich bringen.

5.1 Personalbeschaffung

Unter Personalbeschaffung wird die Suche und Bereitstellung von Mitarbeitern verstanden, die dazu dient, den Bedarf an Personal zu decken.[138] Der personellen Unterdeckung wird quantitativ, qualitativ, zeitlich und örtlich entgegengewirkt.[139]

Auf dem internen und externen Arbeitsmarkt der Unternehmen hat die Teilfunktion der Personalwirtschaft eine essentielle Bedeutung. Ohne die Ressource Mensch ist kein Unternehmen in der Lage, erfolgsversprechend zu arbeiten. Die Relevanz der Beschaffung von Personal steigt durch die Folgen des demografischen Wandels.[140] Vermehrt entsteht ein Personalengpass, welcher in der Öffentlichkeit diskutiert wird und das Thema Rekrutierung hervorkommen lässt. Es werden beispielsweise immer mehr High Potentials gesucht und auch ein Mangel an Ingenieuren ist vorzufinden.[141]

Eine elementare Anforderung an die Personalbeschaffung ist einen Konzern im Hinblick auf die Zukunft mit bedarfsgerechten und preisgünstigen, aber qualifizierten Arbeitnehmern zu verhelfen. Der Wirtschaftskampf um potentielle Arbeitskräfte hat den Effekt, dass andere Strategien mit einbezogen werden, wie

---

[137] Vgl. Poreda (2012). S.123

[138] Vgl. Becker / Berthel (2017), S.330

[139] Vgl. Jung (2011), S.5

[140] Vgl. Drumm (2008), S.275

[141] Vgl. Bröckermann / Pepels (2002), S.15

Personalwerbung oder Personalbindung.[142] Ist im Planungszeitraum eine Unterdeckung der Mitarbeiter festgestellt worden, wird eine Personalbedarfsplanung durchgeführt. Die Unterdeckung kann beispielsweise durch die Einführung neuer Geschäftsfelder entstehen.[143] Um Personal zu beschaffen, werden Daten eines Nettopersonalbedarfsplanes benötigt, der aus der Zusammensetzung von Personalbedarfs- und Personalbestandsplanung besteht. Die termingerechte Bereitstellung der festgelegten Mitarbeiter, die dem Anforderungsprofil entsprechen, stellt das Planungsziel der Rekrutierung dar.[144] Die zu beschaffenden Mitarbeiter können entweder Arbeitnehmer oder freie Mitarbeiter sein.[145] Die Auswahl des Personals gehört zu den bedeutendsten Entscheidungen, die das Unternehmen trifft. Falsche Entscheidungen bei der Beschaffung von Personal gehen mit hohen Kosten einher.[146] Ist die Auswahl für einen Mitarbeiter gefallen, folgt der Arbeitsvertrag. Damit ist der eigentliche Prozess der traditionellen Personalbeschaffung beendet.[147]

Die Anforderungen der einsatzfähigen Bewerber gegenüber dem Unternehmen verändern sich stetig durch den Einfluss der differenzierten Generationen. Das hat zur Folge, dass vom Rechercheprozess bis zum Vorstellungsgespräch die Prozesse angepasst werden müssen.[148]

Damit Unternehmen ihre Beschaffungsziele erreichen, lassen sich verschiedene Methoden identifizieren. Zum einen gibt es die Möglichkeit der internen Bedarfsdeckung, die kategorisiert ist in Bedarfsdeckung ohne Personalbewegung und Bedarfsdeckung mit Personalbewegung und zum anderen lässt sich die externe Bedarfsdeckung herauskristallisieren, welche sich in passive und aktive Beschaffung unterteilt.[149]

In den nachfolgenden Kapiteln werden die interne und externe Personalbeschaffung näher betrachtet.

---

[142] Vgl. Oechsler (2006), S.218f

[143] Vgl. Ridder (2015), S.99

[144] Vgl. Jung (2011), S.134

[145] Vgl. Olfert (2010), S.101

[146] Vgl. Rohrlack (2012), S.12

[147] Vgl. Bröckermann (2016), S.31

[148] Vgl. Höf-Bausenwein (2015), S.13

[149] Vgl. Jung (2011), S.136

5.1.1 Interne Personalbeschaffung

Die Beschaffung des Personals unternehmensintern durchzuführen, wird für das bestehende Personal zunehmend interessanter. Grund dafür kann zum einen der Wunsch nach einer aufsteigenden Position sein, aber auch das Bedürfnis nach mehr Mitbestimmung. Aus Unternehmenssicht ist teilweise keine andere Option möglich, als die interne Besetzung, da zunehmend Arbeitskräfte mit entsprechender Qualifizierung fehlen.[150]

Dementsprechend werden bei der internen Personalbeschaffung keine externen Mitarbeiter eingestellt.[151]

Die Verantwortlichen sollten vielmehr zuerst versuchen, die Realisierung innerhalb des Unternehmens zu vollbringen. Die Wege der internen Personalbeschaffung unterteilen sich in „Bedarfsdeckung ohne Personalbewegung" und „Bedarfsdeckung mit Personalbewegung".[152] Der Sinn, der Bedarfsdeckung ohne Personalbewegung besteht dabei, den fehlenden Bedarf durch mehrfache Optionen zu decken, ohne weiteres Personal einzustellen. Dazu zählen die Erweiterung der Arbeitszeit, Sonderschichten und Urlaubsverschiebung.[153] Überstunden zu leisten, gehört ebenfalls dazu, zählt dabei als arbeitsrechtlich eher limitierte Form.[154] Diese Art der Beschaffung wird bei vorübergehendem Personalbedarf genutzt[155] und verändert das bestehende Arbeitsverhältnis nicht.

Die Bedarfsdeckung mit Personalbewegung bedeutet eine Veränderung des bestehenden Personals, die mittel- oder langfristig andauert. Hier werden ebenfalls mehrere Möglichkeiten geboten. Dazu gehört die interne Stellenausschreibung, worauf sich interessierte Mitarbeiter bewerben können, eine Teilzeitkraft in Vollzeit umzuwandeln, Umschulungen oder weitere Personalentwicklungsmaßnahmen.[156]

---

[150] Vgl. Jung (2011), S.136

[151] Vgl. Erichsen (2010), S.267

[152] Vgl. Jung (2011), S.137

[153] Vgl. Becker / Berthel (2017), S.331

[154] Vgl. Erichsen (2010), S.267

[155] Vgl. Jung (2011), S.137

[156] Vgl. Becker / Berthel (2017), S.331

5.1.2 Externe Personalbeschaffung

Die Beschaffung auf dem externen Weg befasst sich mit dem allgemeinen Arbeitsmarkt. Sie dient zum einen zur Deckung eines temporären Bedarfs, der eine kurz- oder mittelfristige Zeitspanne betrifft, aber kann auch zum langfristigen Einsatz externer Mitarbeiter führen kann.[157]

Differenziert wird in Neubedarf und in Ersatzbedarf. Der Neubedarf wird durch die Geschäftsführung oder dem Vorstand veranlasst. Dagegen kann der Ersatzbedarf von der Personalabteilung selbst ermittelt werden. Weiterhin kann es zur Entwicklung eines Überbrückungsbedarfes kommen, durch langfristiges Fernbleiben eines Mitarbeiters aufgrund von Krankheit oder ähnlichem.[158]

Die außerbetriebliche Personalbeschaffung differenziert sich in „passive Personalbeschaffung" und „aktive Personalbeschaffung". Abhängig von Dringlichkeit und Arbeitsmarktsituation wird entschieden, welche Methode genutzt wird. Bei der passiven Personalbeschaffung wendet das Unternehmen selbst kaum Anwerbungsmaßnahmen an, sondern nutzt die Dienste der Bundesagentur für Arbeit, kommt auf Eigenbewerbungen zurück, selektiert in der Bewerberkartei nach Kandidaten, die bisher nicht berücksichtigt worden oder nehmen das Personalleasing in Anspruch, was den Einsatz von Zeitarbeitnehmern bedeutet.

Die aktive Personalbeschaffung wird eingesetzt, wenn ein dringender oder größerer Personalbedarf vorhanden ist. Dabei kann der Einsatz einer Stellenanzeige erfolgen, neue Kommunikationstechniken, wie beispielsweise E-Recruiting, Inanspruchnahme von externen Personalberatern oder Öffentlichkeitsarbeit durch Maßnahmen wie Tag der offenen Tür oder Aktivitäten auf Messen.[159]

5.2 Von der klassischen Stellenanzeige zum Social Media

Die Möglichkeiten an Stellenanzeigen zu gelangen, ist in den 90er-Jahren begrenzt gewesen. Tageszeitungen sind die Kommunikationskanäle von gestern. Um Kontakt zur gewählten Stelle herzustellen, ist lediglich eine Telefonnummer und eine Postanschrift geboten worden.[160] Die Tageszeitung bot nur eine geringe bis

---

[157] Vgl. Becker / Berthel (2017), S.334
[158] Vgl. Pilz (2017), S.48f
[159] Vgl. Jung (2011), S.146ff
[160] Vgl. Rath / Salmen (2012), S.28

mittlere Reichweite an potentielle Kandidaten, da sie meist nur in einer Region erschienen ist und eine zeitlich begrenzte Wirkung auf den Leser hat. Bewerber stellten Bewerbungsmappen zusammen, die in Papierform per Post versendet wurden. Der Bewerbungsweg war mit Zeit und Kosten verbunden.[161] Die Informationen der Unternehmenskultur und Arbeitsatmosphäre waren schwer zugänglich, außer die Firma hatte einen gewissen Bekanntheitsgrad.

Mit dem Beginn des Webs 1.0, circa im Jahr 2000, konnten sich Unternehmen mithilfe einer Karrierewebsite präsentieren und Kandidaten hatten die Möglichkeit, per E-Mail die angegebenen Ansprechpartner zu kontaktieren. Die Form der Zustellung der Bewerberunterlagen lag in der Hand des Unternehmens, ob diese via E-Mail oder über den Postweg zugestellt werden sollte.

Ungefähr seit 2010 existiert der Einsatz von „Social Media Applikationen", um qualifizierte Talente zu gewinnen. [162] Mit der sogenannten „Web 2.0-Technologie" hat die Veränderung der Internetkommunikation begonnen. Nutzern wurde ermöglicht, selbst Informationen bekannt zu geben und sich mit anderen Personen zu verständigen. Die zunehmende soziale Interaktion des Menschen wird „Social Media" genannt. Das Web 2.0 bringt diverse Methoden der Personalbeschaffung mit sich.[163]

5.3 E-Recruiting

Das E-Recruiting stellt eine moderne Methode der externen Personalbeschaffung dar, da es um eine Erweiterung der bisherigen Möglichkeiten geht. Der gesamte Prozess, von Personalmarketing bis zur Personalauswahl, verläuft über elektronische Datenverarbeitung wie PC, Laptop oder andere mobile Endgeräte.[164] Im Allgemeinen thematisiert das E-Recruiting die Personalbeschaffung über das Internet.[165] Das Wort „E-Recruiting" besteht aus dem Teil „E" für „electronic", übersetzt „elektronisch" und dem Teil „Recruiting", zu Deutsch „Rekrutierung oder Personalbeschaffung".[166]

---

161 Vgl. Beck (2002). S.17ff

162 Vgl. Rath / Salmen (2012), S.28ff

163 Vgl. Rehm (2014). S.14f

164 Vgl. Rath / Salmen (2012), S.183

165 Vgl. Becker / Berthel (2017), S.340

166 Vgl. Rath / Salmen (2012), S.30

Zur Gewinnung von Mitarbeitern werden diesbezüglich Stellenbörsen, die unternehmenseigene Website und Social-Media-Kanäle verwendet. [167]

Im engeren Sinne werden darunter Stellenanzeigen verstanden, die im Internet oder Intranet geschaltet sind. Der Applikant hat somit die Möglichkeit, seine Bewerbung anhand von online ausfüllbaren Formularen oder per E-Mail an den Betrieb zu senden.[168] Diese Form der digitalen Bewerbung wird heute von vielen Unternehmen erwartet.[169] Daraus folgt, dass E-Recruiting im engeren Sinn sich mit der Bewerberansprache beschäftigt.

Betrachtet man den Begriff im weiteren Sinne, so handelt es sich um einen komplexen Prozess der Personalbeschaffung, der die Ausschreibung der zu besetzenden Stellen, die Eingänge der Bewerbung, sowie die Weiterverarbeitung umfasst.[170]

Die digitale Stellenanzeige erreicht eine höhere Anzahl von Bewerbern, da auf das Internet von überall zuzugreifen ist, nicht wie bei einer Printanzeige. Der allgemeine Prozess der Personalbeschaffung verändert sich jedoch nicht. Wenn die Bewerbungsunterlagen digital eingesendet worden sind, kann durch ein System eine Vorselektion stattfinden. Der nächste Schritt der traditionellen Personalbeschaffung wäre ein Vorstellungsgespräch im Unternehmen, jedoch besteht durch das E-Recruiting die Option des Gesprächs mithilfe einer Webcam, wie beispielsweise mithilfe des Anbieters „Skype". Der Vorteil dieser Methode ist die Einsparung von Reisekosten, jedoch findet auf der anderen Seite kein persönliches Treffen statt. Einige Unternehmen verwenden Online-Assessments als Instrument des Recruitings, damit sie die Fähigkeiten der Kandidaten testen können. Für den Bewerber wirkt das Unternehmen durch seine innovativen Methoden interessanter, gerade die neuen Generationen spricht diese Methode an.[171]

Unternehmen nutzen den Weg des E-Recruitings, damit Kandidaten sich zeitlich unabhängiger bewerben können. Zusätzlich erhoffen diese sich eine kosten-

---

[167] Vgl. Becker / Berthel (2017), S.340
[168] Vgl. Ritter (2010), S.10
[169] Vgl. Becker / Berthel (2017), S.340
[170] Vgl. Ritter (2010), S.10
[171] Vgl. Beck (2002), S.17ff

günstigere Variante des Bewerbungsverfahrens, aber auch die Ansprache an die richtige Zielgruppe ist ein Punkt, der für diese neuen Methoden spricht.[172]

5.4 Bewerberansprache

Um die richtige Zielgruppe zu erreichen, muss das Unternehmen über die genutzten Kanäle informiert sein. Der meistgenutzte Weg in der heutigen Zeit ist der des Internets. Soziale Medien, Online-Jobbörsen oder die Homepage des Unternehmens bieten die Möglichkeit, um die zu besetzende Stelle zu platzieren.[173] Der demografische Wandel trägt die Verantwortung der Veränderung dazu, dass Unternehmen sich zukünftig um qualifiziertes Personal bemühen und der Arbeitgebermarkt zum Arbeitnehmermarkt wechselt.[174]

In erster Linie ist die Ansprache eines möglichen Bewerbers ein Motivationsgespräch. Das Ziel ist, dass aus dem potenziellen Bewerber ein tatsächlicher Bewerber wird. Dazu muss der Gesprächsführende sich im Vorhinein Gedanken darüber machen, welche Informationen der potenzielle Bewerber erhalten möchte und welche Kriterien seine Entscheidung beeinflussen könnten. Jedoch sollten keine falschen Versprechungen gemacht werden, denn diese könnten kurzzeitig zur Kündigung führen.[175]

5.4.1 Active Sourcing

Bei vielen Positionen ist es nicht mehr ausreichend, Stellenanzeigen online zu schalten und auf Bewerbungen zu warten. Um die offenen Stellen mit geeignetem Personal zu besetzen, wird die Methode „Active Sourcing" genutzt.[176] Active Sourcing hat das Ziel, erfolgsversprechende Kandidaten auf dem externen Arbeitsmarkt zu erkennen. Das Unternehmen kontaktiert die potentiellen Bewerber persönlich und versucht eine Bindung zu den Kandidaten aufzubauen. Der Kontakt wird so lange aufrechterhalten, bis der Bewerber rekrutiert werden kann. Somit versucht das Unternehmen zu verhindern, dass das Talent sich von Konkurrenten abwerben

---

[172] Vgl. Becker / Berthel (2017), S.341

[173] Vgl. Latz (2016), S.42

[174] Vgl. Hilker (2012), S.188

[175] Vgl. Luthe / Weiskopf (2010), S.51f

[176] Vgl. Sarsteiner / Steiner (2015), S.55

lässt.[177] Mögliche Beschaffungsquellen sind Business Plattformen, wie beispielsweise XING und LinkedIn, die in Kapitel 5.4.4.1 und 5.4.4.2 näher betrachtet werden, Lebenslaufdatenbanken wie z.B. die Karriereplattform StepStone, Internet- und Google-Recherche, Blogs und Communities, aber auch der Talentpool.[178] Welche Plattformen sich zukünftig durchsetzen, wird sich zeigen. Deshalb müssen Unternehmen den zukünftigen Entwicklungsprozess des Internets verfolgen um den aktuellen Stand zu kennen.[179]

5.4.2 Unternehmenseigene Website

Die unternehmenseigene Website ist die Hauptseite des Betriebs, die im Internet frei zugänglich ist.[180] Im Zusammenhang mit der digitalen Personalbeschaffung nimmt die Relevanz der unternehmenseigenen Website bzw. Homepage stetig zu.[181] Die Homepage vermittelt die Geschichte des Unternehmens, die aktuellen Ziele und Werte, sowie deren Produkte. Auf den meisten Webseiten ist ein Link zum eigenen Stellenportal, auf dem angegeben werden kann, ob beispielsweise eine Ausbildung, ein Studium, ein Praktikum oder ein Direkteinstieg gesucht wird.[182]

Als Beispiel wird folgend auf die Karriereseite der Homepage von Lufthansa eingegangen:

---

[177] Vgl. Gatzke / Gutmann (2015), S.87

[178] Vgl. Athanas / Graf (2013), S.132f

[179] Vgl. Fischer (2010), S.89

[180] Vgl. Dahlmanns (2014), S.60

[181] Vgl. Beck (2002), S.168

[182] Vgl. Paschen (2002), S.107

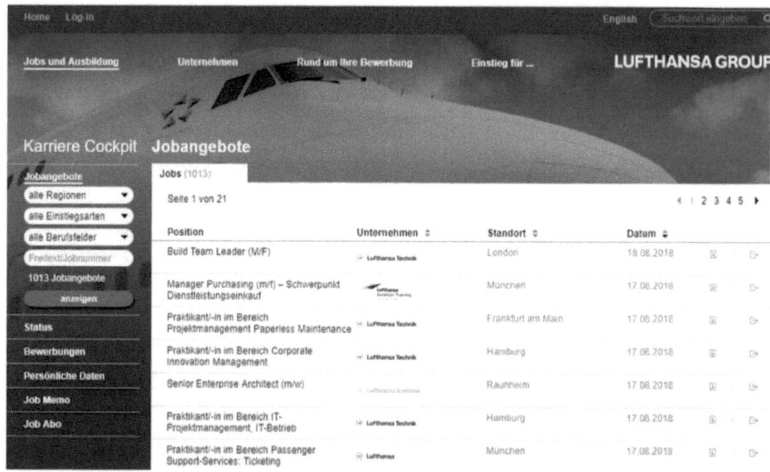

Abbildung 7: Stellenbörse Lufthansa
(Quelle: https://career.be-lufthansa.com/index.php?ac=search_result)

Im oberen Abschnitt der Abbildung 5 sind Informationen über die Arten von Jobs und Ausbildung, die zugehörigen Unternehmen der Lufthansa, Auskünfte über die Bewerbung, wie damit verbundene Events und die Einstiegsart gegeben.

Links auf der Abbildung ist erkennbar, dass die Suche des potentiellen Jobs eingegrenzt werden kann, indem Region, Einstiegsart und Berufsfeld eingegeben wird. Direkt darunter kann nach Anmeldung im Portal der Status der Bewerbung eingesehen werden, genau wie bei Bewerbungen die Einsicht der beworbenen Stellen betrachtet werden kann. Bei dem Klick auf Job Memo können Kandidaten die Jobs speichern, für die sie sich interessieren. Job Abo bietet die Möglichkeit, mithilfe angegebener Suchkriterien per E-Mail über aktuelle Stellen informiert zu werden. Bei Jobangebote in der Mitte der Abbildung werden die zurzeit zu besetzenden Stellen angezeigt, das Unternehmen, welches ein Teil der Lufthansa Group darstellt, sowie der Standort und das Datum der Veröffentlichung des Jobangebots.[183] Nach der Entscheidung sich auf einen speziellen Job zu bewerben, hat der Bewerber die Möglichkeit seine Unterlagen auf der Homepage hochzuladen und wartet anschließend auf die Rückmeldung des Unternehmens.[184]

---

[183] Vgl. https://career.be-lufthansa.com/index.php?ac=search_result
[184] Vgl. Paschen (2002), S.110

5.4.3 Virtuelle Karrieremessen

Eine moderne Methode des E-Recruitings ist die virtuelle Karrieremesse. Mithilfe eines Avatars kann sich der Besucher der Karrieremesse durch Messehallen bewegen, die zwei- oder dreidimensional dargestellt werden. Dieser kann sich an den Messetagen mit Vertretern via Chat in Kontakt treten und die verschiedenen Messestände besuchen und effektiv Kontakte knüpfen. Diverse Unternehmen sind vertreten und können die Jobmesse ebenfalls vom Arbeitsplatz aus leiten.[185] Diese Methode erreicht durch die Digitalisierung ein anderes Publikum.[186] Speziell für die neuen Generationen ist die Art von Karrieremesse sehr attraktiv aufgebaut, da diese potentiellen Bewerbern die Chance gibt, aus regionalem, überregionalem und internationalem Umfeld teilzunehmen. Für Teilnehmer und Unternehmen entstehen somit keine Reisekosten. Teilnehmende Betriebe bieten Live-Events, virtuelle Vorträge, Live-Chats und Dokumente zum Herunterladen an.[187] Somit ist das Angebot des virtuellen Besuchs ähnlich wie die physische Anwesenheit.[188]

5.4.4 Social Media Plattformen

In Deutschland sind Internetnutzer durchschnittlich auf 2,3 Netzwerken vertreten. In der Altersgruppe zwischen 14 bis 49 Jahren sind es sogar 79%, die auf Social Media Plattformen angemeldet sind.[189]

Menschen können sich untereinander vernetzen und über die sozialen Netzwerke werden Botschaften verbreitet und Marken stärken ihren Bekanntheitsgrad. Dadurch entsteht zwischen Mensch und Produkt eine Verbindung.[190]

Soziale Plattformen lassen sich für verschiedene Lebensbereiche finden. So gibt es Netzwerke für z.B. Kommunikation, Musik, Reisen, Sport, Essen oder Bekleidung. Darüber hinaus haben Unternehmen die Relevanz dieser Art von Kommunikation ebenfalls wahrgenommen und sind auf vielen Netzwerken vertreten.

---

[185] Vgl. Brenner (2009), S.91

[186] Vgl. file:///C:/Users/hp/Downloads/Produktblatt_Virtuelle%20Events.pdf

[187] Vgl. https://www.jobunication.de/media/dokumente/Jobunication-3D-V8.0-P.pdf

[188] Vgl. Lorenz / Rohrschneider (2007), S.200

[189] Vgl. Pein (2018), S.369

[190] Vgl. Weinberg (2012), S.215

Abbildung 8: Social-Media-Plattformen
(Quelle: Eigene Darstellung in Anlehnung an Pein(2018), S.369ff)

Die Abbildung zeigt einige Plattformen, auf denen Unternehmen zunehmend präsent sind. Dabei handelt es sich um Kommunikationskanäle, Videokanäle, Fotoplattformen und Business Netzwerken.[191] Auch Unternehmen wollen ihre Marken verbreiten. Ein anderer Grund ist der Kampf der „War for Talents". Arbeitgeber suchen auf den Social-Media-Plattformen nach qualifiziertem Wachstum und versuchen diesen durch ihre Unternehmensseite auf sich aufmerksam zu machen.

Personalbeschaffung über soziale Netzwerke wird als „Social Recruiting" definiert. Die direkte Kontaktierung eines Kandidaten aufgrund seiner hinterlegten Informationen im Profil wird „Social Distribution" genannt. „Social Profiling und Sourcing" zeigt die Einblendung der Stellenanzeige eines Unternehmens und deren Präsenz.[192]

Im nachfolgenden wird spezifisch auf die Business-Netzwerke LinkedIn und XING eingegangen, die zunehmend von Arbeitgebern genutzt werden, um ihre freien Stellen mit dem richtigen Personal zu besetzen.

---

[191] Vgl. Pein (2018), S. 371ff
[192] Vgl. Pein (2018), S.328

5.4.4.1 LinkedIn

LinkedIn ist ein Online-Netzwerk, um neue geschäftliche Kontakte zu knüpfen und sich mit bekannten Kontakten zu vernetzen. Die Gründung von LinkedIn war im Jahr 2003 in den USA. Im Jahr 2009 wurde das Netzwerk auch im deutschsprachigen Raum zur Verfügung gestellt. Mittlerweile ist sie eine der 20 meistbesuchten Websites der Welt. LinkedIn hat über 546 Millionen registrierte Mitglieder und ist in mehr als 200 Ländern verfügbar.[193] Somit ist das Netzwerk global das größte der beruflichen Plattformen. Die Plattform kann von jedem kostenfrei genutzt werden, doch nur eingeschränkt. Um die vollständigen Funktionen zu nutzen, ist ein „Premiumaccount" notwendig. Dies ist aber mit Kosten verbunden.[194]

Art der Mitgliedschaft	Funktionen	Preis pro Jahr
Standard	Netzwerk erstellen, Kontaktaufnahme, Profilsuche, Empfehlungen, Suche speichern	0 €
Premium Career	Offene Profile, Liste Profilbesucher, 5 InMail Nachrichten, Lernkurse, Bewerber- und Jobeinblicke	264,04€
Premium Business	Offene Profile, Liste Profilbesucher, 15 InMail Nachrichten, uneingeschränkte Personensuche, Lernkurse, Bewerber- und Jobeinblicke, Wachstumstrends und Einstellungstrends von Unternehmen, Positionswechsel im Management	499,66€
Executive	Premium Business Funktionen, aber 30 InMail Nachrichten möglich	856,66€

Abbildung 9: LinkedIn Mitgliedschaften im Überblick
(Quelle: eigene Darstellung in Anlehnung an LinkedIn)[195]

Das Premium Angebot ist unterteilt in: Premium Career, Premium Business und Executive. Jede der verschiedenen Mitgliedschaften beinhaltet unterschiedliche Anwendungen. Jedoch unterscheiden sich das Paket Premium Business zum

---

[193] Vgl. https://about.linkedin.com/de-de
[194] Vgl. Lorenz / Rohrschneider (2015), S.94f
[195] Vgl. https://www.linkedin.com/premium/switcher/onlinesub

Executive-Paket nur darin, dass 15 InMails zusätzlich verschickt werden dürfen, an Kontakte, die nicht im eigenen Netzwerk verfügbar sind.[196]

LinkedIn verfolgt die Vision, durch das Karrierenetzwerk für die Mitglieder Chancen auf dem weltweiten Arbeitsmarkt schaffen. Daraus leitet sich das Unternehmensziel, die Fach- und Führungskräfte aus der ganzen Welt in Kontakt zu bringen, ab. Arbeitgeber haben die Option, ihre Unternehmenswebseite als Profil anzulegen und Jobangebote zu veröffentlichen. Mithilfe des LinkedIn Recruiters finden Unternehmen die passenden Kandidaten, können diese durch die Funktion „InMail" kontaktieren.[197] Mitglieder der Plattform, die das kostenfreie Angebot nutzen, können ein ausführliches Profil von sich erstellen, welches ebenfalls in verschiedenen Sprachen aufrufbar ist. Arbeitgeber können auch ein kostenloses Unternehmensprofil erstellen. Das Senden von Nachrichten ist beschränkt auf die eigenen Kontakte oder an Gruppenmitglieder und Moderatoren.[198]

LinkedIn bietet zur Personalbeschaffung das System „LinkedIn Recruiter" an. Der Zugriff auf alle Mitglieder ist möglich. Erweiterte Suchfilter erleichtern das Finden des richtigen Kandidaten, um eine vakante Stelle zu besetzen.[199] Jeder Kandidat kann über InMail kontaktiert werden. Verwender des Recruiters können dazu Vorlagen benutzen, die eine vertrauenswürdige Basis schaffen. Mithilfe des Talent Pipeline Managements werden die Kandidaten verwaltet und Ordner mit deren Daten erstellt werden können.[200]

5.4.4.2 XING

Das soziale Netzwerk XING ist in der D-A-CH Region die führende Plattform für die berufliche Vernetzung.[201] Im Jahr 2003 ist das Netzwerk mit dem Namen „Open Business Club" von Lars Hinrichs gegründet worden. Seitdem gab es eine enorme Weiterentwicklung und heute ist XING untergliedert in die drei Kernbereiche News, People und Jobs.[202] Die Umbenennung auf XING erfolgte im Jahr 2006 und seit diesem Jahr wird das Unternehmen als Rechtsform einer Aktiengesellschaft

---

196 Vgl. https://www.linkedin.com/premium/switcher/onlinesub
197 Vgl. https://business.linkedin.com/talent-solutions
198 Vgl. Lorenz / Rohrschneider (2015), S.95
199 Vgl. https://business.linkedin.com/de-de/talent-solutions/recruiter#
200 Vgl. https://business.linkedin.com/talent-solutions/cx/2016/5/recruiter-demo
201 Vgl. https://corporate.xing.com/de/unternehmen/
202 Vgl. Kadish (2018), S.210

geführt. Das XING-Profil repräsentiert den eigenen Lebenslauf. Auf der eigenen Seite kann der Werdegang dargestellt werden, indem Auskünfte über Ausbildung, Studium, Berufserfahrung, Fachkompetenzen und Tätigkeitsbereiche hinterlegt werden können. Zusätzlich kann das Mitglied angeben, ob er momentan einen Job sucht, aber kann ebenfalls auch einen Job bieten.[203]

In Zeiten des Mangels von Fachkräften, der gestiegenen Digitalisierung und des Wertewandels möchte das Unternehmen ihren Mitgliedern mithilfe der Plattform ermöglichen, die Harmonie zwischen Leben und Arbeit herzustellen.[204] Xing bezieht die Zielgruppe der berufstätigen. Derzeit sind 14 Millionen Mitglieder des deutschsprachigen Raumes registriert.[205] Diese können auf der Plattform ihr Netzwerk erweitern, aber auch Unternehmen sind Nutzer der Seite und können ein Unternehmensprofil erstellen. Als User hat jeder ein eigenes Profil und über Kontakte entstehen Verbindungen zu unbekannten Personen. Ebenfalls kann auf Stellenangebote zugegriffen werden und umgekehrt nutzen Firmen die Plattform zur Rekrutierung. Weiterhin besteht die Möglichkeit, Fachgruppen beizutreten und sich an themenspezifischen Diskussionen zu beteiligen.

Das Businessnetzwerk finanziert sich aus den Werbeanzeigen der Basisprofile und aus den kostenpflichtigen Unternehmens- und Personenprofilen.[206]

---

[203] Vgl. Lorenz / Rohrschneider (2015), S.97f

[204] Vgl. https://corporate.xing.com/de/unternehmen/daten-und-fakten/ (2018)

[205] Vgl. https://corporate.xing.com/de/unternehmen/ (2018)

[206] Vgl. Koch / Pfeiffer (2011), S.116

Art der Mitgliedschaft	Funktionen	Preis pro Jahr
XING Basis	Netzwerk erstellen, Kontaktaufnahme, Profilsuche, Empfehlungen, Suche speichern	0 €
XING Premium	Gehältereinsicht, Profilbesucher ansehen, erweiterte Jobsuche, Nachrichten an Nicht-Kontakte	95,40 €
XING ProJobs Zusatzpaket	Premium+ bevorzugtes Profil bei der Suche von Recruitern	334,80 €
XING ProBusiness	Premium + Kontaktaufnahme	934,80 €

Abbildung 10: XING Mitgliedschaften im Überblick
(Quelle: eigene Darstellung in Anlehnung an XING)[207]

Der Abbildung sind vier unterschiedliche Mitgliedsarten zu entnehmen. Jedem Mitglied ist eine kostenfreie Nutzung möglich. Die Premium-Mitgliedschaft für die Anwendung der erweiterten Funktionen ist jedoch kostenpflichtig.[208] Die Premium Funktionen beinhalten eine erweiterte Suchfunktion, Prognosen über das Gehalt von diversen Stellenanzeigen, Filtern der Einkommenswünsche und bietet Möglichkeiten, sich auf ein Bewerbungsgespräch vorzubereiten. Andererseits können Mitglieder nach Personen suchen, die für ihr Stellenangebot in Frage kommen. Sie können einsehen, wer ihr Profil besucht hat und Nachrichten an Kontakte senden, die nicht in ihrer Kontaktliste vorhanden sind. Zusätzlich bietet XING bei Nutzung des Premium-Accounts ein Vorteilsprogramm mit attraktiven Vergünstigungen an, wie beispielsweise auf das Essen von Vapiano. Das Profil wird sichtbar als Premium-Profil gekennzeichnet. Durch Vorschläge der Hervorhebung von Kompetenzen und Optimierung des Profils, erhöht das Mitglied die Chancen gefunden zu werden.[209] Das Zusatzpaket ProJobs ist eine Erweiterung der Premiummitgliedschaft. Recruiter suchen auf XING stetig nach potenziellen Arbeitskräften für offene Stellen. ProJobs ermöglicht dem Nutzer, dass sein Profil bevorzugt angezeigt wird.

---

[207] Vgl. https://www.xing.com/upsell/premium_offers?from_hub=true (2018)

[208] Vgl. Lorenz / Rohrschneider (2015), S.97f

[209] Vgl. https://www.xing.com/upsell/premium_offers?from_hub=true

Weitere Vorteile sind beispielsweise die Kennzeichnung von Jobs, die ein Jahresgehalt von über 50.000€ bieten oder die Bestimmung über die Einsicht der Personen, wer die Jobsuche sehen kann.[210] Bei der Verwendung des Zusatzpaketes „Pro-Business" lassen sich mithilfe spezieller Filter Geschäftskontakte schneller erkennen und Kontaktpfade zu den auserwählten einsehen und dadurch über einen gemeinsamen Bekannten den Kontakt herstellen.[211]

Auch Unternehmen können sich ein Profil erstellen und dadurch die Vorteile ihres Konzerns aufzeigen. Ebenfalls ist hier die Unterscheidung zwischen Gratisprofil und Employer Branding-Profil, welches mit Kosten verbunden ist. Arbeitgeber können durch das Employer Branding-Profil besser gefunden werden, nicht nur bei XING, sondern ebenfalls bei Suchmaschinen, wie Google.[212]

XING bietet ebenfalls ein Konzept mit dem Namen „XING E-Recruiting 360°" an, welches zu einer erfolgreichen Stellenbesetzung dient. Dieses Konzept beinhaltet die unbegrenzte Veröffentlichung von Stellen, den „XING TalentManager" zur Ansprache von Kandidaten, den „XING TalentpoolManager", indem zu allen ausgewählten Kandidaten Zugriff ist, der „XING EmpfehlungsManager", der die Mitarbeiterempfehlungen digitalisiert, automatisiert und das „Employer Branding Profil Professional", welches die Arbeitgebermarke repräsentiert. Unternehmen, die das Angebot nutzen, werden von XING zusätzlich mit Workshops, Webinaren und Workshops unterstützt, um das Konzept bestmöglich zu verwenden.[213]

5.4.4.3 Vergleich der beiden Netzwerke

Für welches Business-Netzwerk sich das Unternehmen entscheidet, ist abhängig von der Zielgruppe.

---

210 Vgl. https://www.xing.com/upsell/pro_jobs_offers

211 Vgl. https://www.xing.com/upsell/pro_business_offers#pro_business_highlights

212 Vgl. https://www.xing.com/companies/contract/select_package

213 Vgl. file:///C:/Users/hp/Downloads/XING_E-Recruiting_360_DE.pdf

XING	LinkedIn
Fokussiert auf den deutschen Arbeitsmarkt	Fokussiert auf den globalen Arbeitsmarkt
Häufigste Branchen: IT, Finanzen, Handel, Industrie, Dienstleistungen	Häufigste Branchen: IT, Industrie, Finanzen
Hauptsprache: Deutsch	Hauptsprache: Englisch
Basis Profil kostenfrei, Premiumaccount, Zusatzpakete ProJobs und ProBusiness gegen Bezahlung	Standartprofil kostenfrei, Premium Career, Premium Business und Executive gegen Bezahlung
E- Recruiting 360°: Talent Manager, Talentpool Manager, Empfehlungsmanager, Employer Branding Profil	Recruiter: erweiterte Suchfunktion, unbegrenzte InMail Nutzung, Talent Pipeline Management

Abbildung 11: Gegenüberstellung XING und LinkedIn
(Quelle: eigene Darstellung)

XING legt den Fokus auf den deutschen Arbeitsmarkt, weshalb die Mitglieder ebenfalls des Landes entstammen. IT, Finanzen, Handel, Industrie und Dienstleistung sind die Branchen, die am häufigsten vertreten sind. 36% der Nutzer haben einen Fach- oder Hochschulabschluss und 40% sind Mitglieder mit Arbeitserfahrung.[214]

Im Gegensatz dazu ist LinkedIn international aufgestellt und die Hauptsprache des Netzwerkes ist Englisch. Hier sind die Branchen IT, Industrie und Finanzen.[215]

Beide Plattformen verlangen vom Nutzer das Anlegen eines Profils. Die Möglichkeit der kostenfreien Nutzung ist auf beiden Netzwerken gegeben, sowohl für Kandidaten als auch für Unternehmen. Zusätzlich bieten LinkedIn und XING erweiterte Mitgliedschaften an, die gegen Bezahlung eine bessere Anwendung der Seite versprechen. Ebenfalls bieten beide Angebote zur Rekrutierung von Mitarbeitern an. Bei XING betrifft dies das E-Recruiting 360°. Das Konzept zeigt verschiedene Optionen auf, wie die Nutzung des „XING TalentManagers" um die richtigen Kandidaten anzutreffen. Der LinkedIn Recruiter mit der Opportunität der erweiterten Suchfilter selektiert die gewünschten Personen heraus.

---

[214] Vgl. https://corporate.xing.com/de/unternehmen/daten-und-fakten/
[215] Vgl. Pein (2018), S.408

Die Gegenüberstellung beider Netzwerke zeigt, wenn das Unternehmen einen globalen Fokus hat, bietet sich die Vertretung auf LinkedIn an. Hat das Unternehmen mehr den deutschen Markt im Blickfeld, ist XING zu empfehlen.

Um den Bekanntheitsgrad des Arbeitgebers zu erweitern, können jedoch auch beide Plattformen genutzt werden, da die Basisversion kostenfrei ist.

5.5 Chancen und Risiken

Die Veränderung des Verhaltens der Menschen im Umgang mit Kommunikationskanälen und Mediennutzung ergibt sich aus den vorherigen Kapiteln. Bis zu vier Generationen sind heute in einem Unternehmen vertreten. Daraus resultieren die variierenden Ansprüche, denn zwischen den einzelnen Generationen liegen verschiedene Welten.[216]

Die Vertretung auf Job- und Karriereseiten ist elementar für den Unternehmenserfolg. Die Reichweite durch das Internet ist enorm gewachsen, was auch die Chance von virtuellen Jobmessen zukünftig durchsetzen könnte und die Auffindbarkeit des Jobanbieters dadurch bedeutungsvoll macht.[217] Die Reaktion von Suchenden auf freie Stellen ist deutlich schneller, da diese ihre Bewerbung sofort hochladen können und nicht wie in früheren Zeiten eine Bewerbungsmappe erstellen müssen, die postalisch eingereicht werden muss. Mithilfe moderner E-Recruiting Systeme können die Online-Bewerbungsformulare effizient die geeigneten Kandidaten anzeigen.[218] Zusätzlich ist von überall auf die Stellen Zugriff gewährleistet,[219] wodurch mehr Kandidaten von der Stelle erfahren und das Zusammenführen von Mitarbeitern weltweit für Jobsuchende oder -wechselnde interessanter wird. Jedoch muss durch die Nutzung des Internets mit dem Risiko schlechter Reputation gerechnet werden. Negative Kommentare sprechen sich schnell herum, deshalb muss regelmäßig ein Auge auf die Seite geworfen werden.[220] Auf dem Arbeitgeberbewertungsportal Kununu beispielsweise können aktuelle und ehemalige Mitarbeiter über ihr

---

[216] Vgl. Bernauer / Hesse / Laick / Schmitz (2011), S.36

[217] Vgl. Sudar (2008), S.100

[218] Vgl. Grigo / Theissen (2008), S.122

[219] Vgl. Brenner (2009), S.83

[220] Vgl. Dahlmanns (2014), S.45

Unternehmen ihre Meinungen äußern.[221] Interessierte können auf die Bewertungen zugreifen und entscheiden, ob der Arbeitgeber ihren Vorstellungen entspricht.

Weigern sich Unternehmen im Internet präsent zu sein, wird das Folgen für den Arbeitgeber haben. Der Betrieb wird als veraltet, introvertiert und zweifelhaft bewertet. Ebenfalls könnte die Verweigerung der Social Media Nutzung zur Verminderung junger Mitarbeiter führen.[222]

5.6 Rechtliche Herausforderungen

Für die Nutzung des Internets ist bislang kein eigenes Recht konzipiert worden. Vielmehr gilt hier das bestehende Recht aller Verordnungen. Die Beachtung des deutschen Rechts ist dementsprechend gewünscht, wenn die Person oder das Unternehmen ihren Sitz in dem Land hat. Auch wenn eine ausländische Plattform genutzt wird, aber die Ansprache an die deutsche Zielgruppe gerichtet ist, muss das deutsche Recht beachtet werden.[223]

So ist beispielsweise nach Art. 5 GG die Meinungs-, Informations- und Pressefreiheit[224] gewährleistet. Aber zusätzlich muss auf das Persönlichkeitsrecht des Menschen geachtet werden. Ist eine Person nicht mit der Veröffentlichung eines Bildes einverstanden, auf welchem diese abgebildet ist, darf dieses nicht veröffentlicht werden.[225] Das Marken- und Kennzeichenrecht wird ebenfalls als relevant bei der Nutzung von Plattformen gesehen. Darüber hinaus regelt das Datenschutzrecht die Persönlichkeit des Einzelnen, um diesen zu schützen. Auch das Strafrecht findet im Internet Anwendung. Durch beispielsweise „Hacking"[226] oder das „Abfangen von Daten".[227]

Netzwerke wie LinkedIn und XING, die in Kapitel 5.4.4.1 und 5.4.4.2 näher beschrieben sind, haben ihre eigenen AGB, die Bedingungen zur Nutzung, sowie Richtlinien beinhalten.[228] Die ABG von XING sind eingeteilt in die Allgemeinen

---

221 Vgl. Pein (2018), S.463

222 Vgl. Bärmann (2012), S.248f

223 Vgl. Pein (2018), S.353f

224 Vgl. Jarass / Peroth (2012), S.186ff

225 Vgl. Roger (2016), S.21

226 Vgl. §202a StGB

227 Vgl. §202b StGB

228 Vgl. Pein (2018), S.354

Bedingungen für die Verwendung des Dienstes XING, zusätzliche Bedingungen für Nutzer der Veranstaltungsplattform, zusätzliche Bedingungen für die Arbeitgeberplattform und für die Premium-Zusatzpakete sind ebenfalls Geschäftsbedingungen verfügbar.[229] Ebenso gibt es bei dem Netzwerk LinkedIn auch eine Nutzervereinbarung, die Rechte, Einschränkungen, Pflichten, Beendigung des Kontos etc. beinhalten. [230]

5.7 Zwischenfazit

Die Mitarbeiter eines Unternehmens stellen das wichtigste Gut dar. Um freie Stellen zu besetzen, muss Personal beschafft werden. Die Beschaffung kann auf zwei Wegen erfolgen. Zum einen gibt es die Möglichkeit der internen Personalbeschaffung und zum anderen die Option der externen Personalbeschaffung.

Bei der internen Personalbeschaffung werden keine externen Mitarbeiter eingestellt. Die Möglichkeit dieser Methode besteht in der Bedarfsdeckung ohne Personalbewegung und Bedarfsdeckung mit Personalbewegung.

Die externe Personalbeschaffung hingegen bezieht sich auf den externen Arbeitsmarkt. Dabei wird differenziert, ob es sich um Neu-, Ersatz- oder Überbrückungsbedarf handelt. Die Beschaffung wird entweder aktiv oder passiv durchgeführt.

Aufgrund technologischer Weiterentwicklung sind neue Methoden entstanden, auf welche Art Unternehmen ihre zu besetzenden Stellenausschreibungen veröffentlichen können. Zeitungsanzeigen werden im heutigen Zeitalter durch das Internet ersetzt. Der neue Beschaffungsweg heißt E-Recruiting. Die Instrumente, die zur Durchführung des Prozesses unterstützen, erreichen eine größere Reichweite und ermöglichen ein flexibleres Bewerbungsverfahren. Relevant ist, dass Unternehmen über die Anwendung der neuen Kanäle informiert sind.

Eine der neuen Möglichkeiten ist die Bewerberkontaktierung mithilfe von Active Sourcing. Da Unternehmen infolge des demografischen Wandels an zukünftigem Fachkräftemangel leiden, können sie mit Active Sourcing selbst auf die Suche nach den potentiellen Talenten gehen und auf diversen Netzwerken Kandidaten kontaktieren, die ihren Vorstellungen entsprechen. Damit die Kandidaten sich aber ebenfalls beim Unternehmen bewerben können, ist die Homepage des Betriebs heutzutage von großer Bedeutung. Bewerber wollen wissen, welche Werte das Unter-

---

229 Vgl. https://www.xing.com/terms
230 Vgl. https://www.linkedin.com/legal/user-agreement

nehmen vertritt. Auf der Website bieten diverse Unternehmen ihre eigenen Bewerberportale an, damit Personen sich gleich bewerben können.

Eine weitere Methode, die anhand des Internets entstanden ist, sind virtuelle Karrieremessen. Absolventen und Jobsuchende können von überall aus der Messe beitreten und mit potentiellen Arbeitgebern in Kontakttreten.

Für Bewerber, sowie auch für Unternehmen sind die Präsenzen in den sozialen Netzwerken ebenfalls bedeutend. Die Plattformen sind in den verschiedensten Bereichen zu finden. Um geschäftliche Kontakte zu knüpfen oder mit bereits bekannten in Kontakt zu bleiben, eignen sich die beruflichen Netzwerke. Innerhalb der D-A-CH Region wird die Plattform XING verwendet. Bei einer globalen Zusammenführung ist LinkedIn der richtige Kanal. Auf beiden Netzwerken sind Jobbörsen aufrufbar. Ebenfalls gibt es bei beiden die Option der Gestaltung eines kostenlosen Accounts für Privatpersonen und Betriebe, sowie mehrere kostenpflichtige Zusatzpakete, die ein erweitertes Angebot der Nutzung der Seite bieten.

Die Nutzung des Internets bei Beschaffung des Personals bringt Chancen und Risiken mit sich. Damit der Unternehmenserfolg gesichert ist, sind Arbeitgeber dazu aufgefordert die innovativen Methoden umzusetzen und anzuwenden. Bei Verweigerung der Nutzung wirkt dies gerade auf die jüngeren Generationen unattraktiv.

Wie im realen Leben muss genau wie in der virtuellen Welt auf Regeln geachtet werden. So gelten dementsprechend alle rechtlichen Verordnungen ebenfalls im Internet, damit niemandem geschadet werden kann.

6 Schlussbetrachtung

Die Erörterung der innovativen Talentmanagementmethoden im Rahmen der Talentakquise hat aufgezeigt, dass der Bereich des Talent Managements aufgrund von verschiedenen Einflüssen relevant ist. Als Folge des demografischen Wandels nimmt die Bevölkerung in den nächsten Jahren ab. Verantwortlich dafür ist die gesunkene Fertilitätsrate, die steigende Lebenserwartung und dem Wanderungssaldo. Darüber hinaus haben sich die Werte der Gesellschaft in den letzten Jahren verändert und demzufolge auch die Ansprüche des Mitarbeiters an den Arbeitgeber. Ein ebenfalls relevanter Aspekt ist der Globalisierungstrend, durch welchen der Arbeitsmarkt eine neue Reichweite bekommen hat. Mittels des Internets haben sich die Anforderungen auch gegenüber der Personalabteilung verändert. Der zukünftige Fachkräftemangel löst den Kampf um die Talente in den Unternehmen aus, um ihre vakanten Stellen zu besetzen. In Kapitel 3 wird dementsprechend geklärt, dass Unternehmen ihre Definition von Talent festlegen müssen, sowie die Eigenschaften und Merkmale der Mitarbeiter, die diese verfügen müssen, um talentiert zu sein. Die Aufgabenfelder des Talent Managements beschäftigen sich damit den richtigen Kandidaten, mit den richtigen Fähigkeiten auf die richtige Position zu besetzen. Um zu verstehen, wie die gesuchte Zielgruppe denkt, sich entwickelt und welche Anforderungen diese an den Arbeitgeber hat, sind die unterschiedlichen Generationen betrachtet worden. Begonnen mit der Baby-Boomer-Generation, in dessen Zeit der Einfluss der Gewerkschaften gewachsen ist und Funktionalismus eine bedeutende Rolle gespielt hat, fängt die Betrachtung an. In der folgenden Generation, der Generation X, sind mehr Frauen berufstätig geworden, die Scheidungsrate stieg und die Werte Sicherheit, Besitztum und Werdegang sind entscheidend. Die Generation Y ist die „Always-on-Generation", die durch die neuen Kommunikationswege profitieren. Die moderne Arbeitswelt mit Anwendung neuer Technologien bringt dem Arbeitgeber gegenüber neue Herausforderungen. Der Generation wird bewusst, dass es eine Vielzahl an Optionen des Werdegangs gibt. Zu guter Letzt ist die Generation Z zu nennen. Die behütet aufgewachsene Generation, die sich das Leben ohne Smartphone und sozialen Medien nicht vorstellen kann, setzt eine Work-Life-Separation voraus. Unternehmen sind aufgefordert, Strukturen und Prozesse dahingehend zu verändern.

In Kapitel 4 wird der Talent-Management-Kreislauf aufgezeigt, der sich aus den Elementen Gewinnen, Identifizieren, Entwickeln, Einsatz und Binden, sowie Abgang und Erhaltung eines Talents zusammensetzt. TRM und der einschließende Talent-Pool können zum Einsatz bei der Gewinnung von Talenten kommen. Neuere

Methoden sind die Rekrutierung über soziale Plattformen. Zur Identifizierung hilft die Analysierung von Leistung, Potenzial und Kompetenz einer Person. Intern werden zusätzlich Talent-Scouts und auch Talent-Review-Meetings genutzt. Damit die Kompetenzlücke eines Talents schließt, werden mit der Entwicklung die Ist- zu Soll-Anforderungen geschlossen. On-the-Job und Off-the-Job-Maßnahmen werden hier für Mitarbeiter jeder Ebene eingesetzt. Jedes Talent durchläuft eine unterschiedliche Entwicklung, deshalb ist eine individuelle Betrachtungsweise notwendig. Zur Unterstützung dienen mehrere Optionen von Gesprächen, wie das Vier-Augen-Gespräch, aber auch die anwendbare Methode für das Geben von Rückmeldung in Form des 360° Feedbacks. Ebenfalls entwickeln sich Talente auch unabhängig vom Unternehmen. Die Einflüsse des Webs 2.0 zeigt neue Methoden, wie beispielsweise YouTube-Tutorials. Damit ein Talent im Unternehmen bleibt, ist ein gutes Betriebsklima von Bedeutung. Fühlt sich der Mitarbeiter im Unternehmen wohl, spiegelt dieser das auch in seiner Arbeit wieder. Bei der Form der Bindung wird unterschieden in emotionaler, rationaler und qualifikationsorientierter Bindung. Entscheidet sich ein Talent trotzdem für das Verlassen des Arbeitgebers, ist die Kontakterhaltung für spätere Zeiträume empfehlenswert.

Nach der Betrachtung des Kreislaufs und den einzelnen Kernelementen, wird in Kapitel 5 auf den Einfluss des Internets bezüglich der Beschaffung von Personal und die damit verbundenen Veränderungen eingegangen. Das Ziel von Personalbeschaffung ist einer Unterdeckung entgegenzuwirken. Die Mitarbeiter können auf dem internen oder dem externen Weg beschafft werden. Bei interner Beschaffung wird auf bereits im Unternehmen vorhandene Mitarbeiter zurückgegriffen. Bei externer Personalbeschaffung werden Menschen außerhalb des Unternehmens angesprochen. Da die technologische Entwicklung mittels des Internets neue Möglichkeiten bietet, verabschiedet sich der alte Bewerbungsweg. Stellenanzeigen in Tageszeitungen, sowie das Bewerben per Post ist von Gestern. Die neue Methode heißt E-Recruiting und bezeichnet den gesamten Beschaffungsprozess über das Internet. Die Stellenanzeigen werden auf Portalen hochgeladen und der Bewerber kann sich direkt bewerben. Über die digitale Stellenanzeige wird eine größere Reichweite an Bewerbern geschaffen und ebenfalls ist der Zeitraum des Bewerbens flexibler. Der Arbeitgeber muss wissen, welche Methoden für ihn nützlich sind, um die geeignete Zielgruppe zu erreichen. Doch allein auf die Bewerbungen des potenziellen Talents zu warten, reicht in Zeiten des War for Talents nicht aus. Das Stichwort Active Sourcing kommt zum Einsatz. Hierbei ist das Ziel, Kandidaten zu kontaktieren, die auf die vakante Stelle passen könnten. Mögliche Beschaffungsquellen sind dabei Business-Netzwerke wie XING und LinkedIn. Damit sich die Bewerber einen Eindruck über das Unternehmen machen können, ist die unternehmenseigene Website mittlerweile ein Standard. Ebenfalls verfügen die meisten Unternehmen darüber ein eigenes Bewerbungsportal, wo den Kandidaten die Option gegeben wird, sich direkt zu bewerben.

Das E-Recruiting hat eine weitere Möglichkeit für die Repräsentation von Unternehmen geschaffen: die virtuelle Jobmesse. Vertreter der Betriebe und Teilnehmer können sich von überall hinzuschalten und miteinander in Kontakt treten. Darüber hinaus ist durch das Internet die Anwendung von Social Media Plattformen ermöglicht worden. Die beruflichen Netzwerke XING und LinkedIn sind speziell für die Kontakterhaltung oder Kontaktherstellung gedacht. Für Recruiter sind die Netzwerke das Sprungbrett, um potenzielle Talente zu finden. Umgekehrt können sich Arbeitssuchende auf die ausgeschriebenen Stellen bewerben und sich über ihren potenziellen Arbeitgeber informieren. Um wettbewerbsfähig zu bleiben, sind Unternehmen dazu aufgefordert, die innovativen Methoden in der heutigen Zeit zu nutzen. Nehmen sie die Veränderungen nicht wahr, ist die Attraktivität des Unternehmens insbesondere für die jüngeren Generationen gefährdet.

Trotz alledem muss jeder Nutzer des Internets sich an entsprechende Regeln halten und sollte die Gesetze auch in der virtuellen Welt nicht missachten.

Quellenverzeichnis

Adamaschek, Benjamin / Vatanparast, Farid (2018): Generation Z – Die Jungen stellen sich vor, In: Personalführung, das Fachmagazin für Personalverantwortliche Heft 06/2018 S.54-55.

Athanas, Christoph / Graf Nele (2013): Innovative Talentstrategien: Talente finden, Kompetenzen fördern, Know-how binden, Haufe-Lexware GmbH & Co.KG Freiburg.

Auer, Michael (Hrsg.) / Faix, Werner G. (2010): Talent. Kompetenz. Management. Global. Band 2., Steinbeis – Edition Stuttgart.

Bärmann, Frank (2012): Social Media im Personalmanagement: Facebook, Xing, Blogs, Mobile Recruiting und Co. erfolgreich einsetzen, mitp, eine Marke der Verlagsgruppe Hüthig Jehle Rehm GmbH Heidelberg.

Beck, Christoph (2002): Professionelles E-Recruitment: Strategien-Instrumente-Beispiele, Hermann Luchterhand Verlag GmbH Neuwied Kriftel.

Becker, Fred G. / Berthel, Jürgen (2017): Personal-Management: Grundzüge für Konzeptionen betrieblicher Personalarbeit, 11.vollständig überarbeitete Auflage, Schäffer-Poeschel Verlag Stuttgart.

Bernauer, Dominik / Hesse, Gero / Laik, Steffen / Schmitz, Bernd (2011): Social Media im Personalmarketing: Erfolgreich in Netzwerken kommunizieren, Wolters Kluwer Deutschland GmbH Köln.

Bohlander, George W. / Snell Scott (2010): Managing Human Resources, South-Western Cengage Learning, Mason Ohio USA.

Bösch, Heidi / Mölleney Matthias (2018): Transformational HRM-Personalarbeit neu denken: Agile Unternehmen brauchen ein agiles HRM, Verlag SKV AG Zürich.

Brenner, Doris (2009): Punktlandung Mitarbeitersuche: Zielsicher ansprechen, auswählen und einstellen, Wolters Kluwer Deutschland GmbH Köln.

Brenner Doris / Brenner Frank (2010): Assessment-Center, 3. Auflage, GABAL Verlag GmbH Offenbach.

Bröckermann, Reiner (2016): Personalwirtschaft: Lehr- und Übungsbuch für Human Resource Management, 7. überarbeitete Auflage, Schäffer-Poeschel Verlag Stuttgart.

Bröckermann, Reiner / Müller-Vorbrüggen, Michael (2006): Handbuch Personalentwicklung, Schäffer-Poeschel Verlag Stuttgart.

Bröckermann Rainer / Pepels, Werner (Hrsg.) (2002): Handbuch Recruitment: Die neuen Wege moderner Personalakquisition, Planung, Beschaffungswege, Auswahlverfahren: Beiträge aus Forschung und Praxis, Cornelsen Verlag Berlin.

Cappelli, Peter (2008): Talent on demand: Managing Talent in an Age of Uncertainty, Business Press Harvard.

Dahlmanns, Andreas (2014): Generation Y und Personalmanagement, In: Praxisorientierte Personal- und Organisationsforschung, Reiner Bröckermann (hrsg.), Band 18, Rainer Hampp Verlag München und Mering.

Dannhäuser, Ralph (2017): Praxishandbuch Social Media Recruiting, 3. Auflage, Springer Fachmedien GmbH Wiesbaden.

Drumm, Hans Jürgen (2008): Personalwirtschaft, 6. überarbeitete Auflage, Springer Verlag Berlin Heidelberg.

Eberhardt, Daniela (2016): Generationen zusammenführen: Mit Millennials, Generation X und Babyboomern die Arbeitswelt gestalten, Haufe-Lexware GmbH & Co.KG Freiburg.

Eilers, Silke / Rump, Jutta (2014): Demografieorientiertes Personalmanagement: Hintergründe und Handlungsansätze, Wolters Kluwer Deutschland GmbH Köln.

Eilers, Silke / Rump, Jutta (2013): Weitere Megatrends, In: Arbeitswelt 2030: Trends, Prognosen, Gestaltungsmöglichkeiten S.13-30, Schäffer-Poeschel Verlag Stuttgart.

Enaux, Claudius / Henrich, Fabian (2011): Strategisches Talent-Management: Talente systematisch finden, entwickeln und fördern, Haufe-Lexware GmbH & Co.KG Freiburg.

Erichsen, Jörgen (Hrsg.) (2010): Betriebswirtschaftliche Grundlagen, Haufe-Lexware Verlag GmbH & Co.KG Freiburg.

Fischer, Markus (2010): Talent-Relationship-Management die Beziehung macht den Unterschied, In: Talent Management: Talente identifizieren, Kompetenzen entwickeln, Leistungsträger erhalten, 3.erweiterte und überarbeitet Auflage, S.83-95, Springer Fachmedien GmbH Wiesbaden.

Gabrisch, Jochen (2010): Die Besten managen. Erfolgreiches Talent – Management im Führungsalltag. Mit zahlreichen Beispielen aus der Coaching – Praxis, Gabler / GWV Fachverlage GmbH Wiesbaden.

Gatzke Eckard, Gutmann Joachim (2015): Talentmanagement, Haufe-Lexware Verlag GmbH & Co.KG Freiburg.

Ghauri, Pervez / Powell Sarah (2010): Globalisierung, Gabal Verlag Offenbach.

Grigo, Lars / Theissen Sascha (2008): Total Talent Management-ein einzigartiger Ansatz, In: Personalmarketing 2.0 Beck, Christoph (hrsg.), Wolters Kluwer Deutschland GmbH Köln.

Günther, Tina (2010): Die demografische Entwicklung und ihre Konsequenzen für das Personalmanagement, In: Erfolgreiches Personalmanagement im demografischen Wandel, Preißing, Dagmar (hrsg.), S.1-40, Oldenbourg Wissenschaftsverlag GmbH München.

Gutmann, Joachim / Schwuchow, Karlheinz (2015): Personalentwicklung: Themen, Trends, Best Practices 2016, Haufe – Lexware Verlag GmbH & Co.KG Freiburg.

Haas, Hans-Dieter / Neumair Simon Martin / Schlesinger Dieter Matthew (2012): Internationale Wirtschaft: Unternehmen und Weltwirtschaftswachstum im Globalisierungsprozess, Oldenbourg Wissenschaftsverlag GmbH München.

Heller, Ralf / Ruf, Michael (2009): Talent Management als Instrument der Führungsnachwuchskräfteentwicklung, In: Talent Management: Strategien, Umsetzung, Perspektiven von Jäger, Wolfgang / Lukasczyk (hrsg.), Wolters Kluwer Deutschland GmbH Köln.

Hilker, Claudia (2012): Erfolgreiche Social-Media-Strategien für die Zukunft: Mehr Profit durch Facebook, Twitter, Xing und Co. Linde Verlag Wien.

Höf-Bausenwein, Heike (2015): Crashkurs Personalarbeit: Vom Arbeitsvertrag bis zum Zeugnis, Haufe-Lexware Verlag GmbH & Co.KG Freiburg.

Holtbrügge, Dirk (2018): Personalmanagement, 4. Auflage, Springer Verlag Berlin und Heidelberg.

Hubschmid-Vierheilig, Elena / Thom Norbert (2018): Evidenzbasiertes Employer Branding: Studie zu den Erwartungen der Generation Y. In: Führung und Organisation Heft 03/2018, Schaeffer-Poeschel Verlag Stuttgart.

Hummel, Thomas R. (2015): Neuere personalpolitische Handlungsschwerpunkte. In: Hochschulschriften zum Personalwesen, Zander Ernst (hrsg.), Band 43, Rainer Hampp Verlag München und Mering.

Jarass, Hans D. / Peroth, Bodo (2012): Grundgesetz für die Bundesrepublik Deutschland, 12. Auflage, Verlag C.H.Beck oHG München.

Jenewein, Thomas / Trost Armin (2011): Personalentwicklung 2.0: Lernen, Wissensaustausch und Talentförderung der nächsten Generation, C.H. Beck Verlag Luchterhand Neuwied.

Joecks, Wolfgang / Miebach Klaus (2017): Münchener Kommentar zum StGB, 3. Auflage, Verlag C.H. Beck München.

Jung, Hans (2011): Personalwirtschaft, 9. Aktualisierte und verbesserte Auflage, Oldenbourg Wissenschaftsverlag GmbH München.

Kadish, Marc (2018): Xing AG-work in progress oder ständiger Fortschritt. In: Agile Organisationen: Transformationen erfolgreich gestalten-Beispiele agiler Pioniere, Häusling André (hrsg.) Haufe-Lexware GmbH & Co.KG, Freiburg.

Kamluk, Daria (2017): Strategisches Talent Management. Vorübergehender Trend oder innovativer Erfolgsfaktor, hrsg. von Reiner Bröckermann Band 22, In: Praxisorientierte Personal- und Organisationsforschung, Rainer Hampp Verlag Augsburg und München.

Klaffke, Martin (2014): Generationen-Management: Konzepte, Instrumente, Good-Practice-Ansätze, Springer Fachmedien Wiesbaden.

Klinger, Christin (Hrsg.) / Müller, Christoph / Nerdinger, Friedemann W. (2015): Personalarbeit im demografischen Wandel: Ergebnisse aus dem Verbundprojekt PerDemo, Rainer Hampp Verlag München und Mering.

Koch, Bastian / Pfeiffer Thomas (2011): Social Media: wie Sie mit Twitter, Facebook und Co. Ihren Kunden näher kommen, Addison-Wesley-Verlag, ein Imprint der Pearsin Education Deutschland GmbH München.

Krause, Lea (2015): Die Generation Y – ihre Wünsche und Erwartungen an die Arbeitswelt In: Praxisorientierte Personal- und Organisationsforschung, Reiner Bröckermann (hrsg.), Band 21, Rainer Hampp Verlag München und Mering.

Kraus, Georg / Nöllke, Matthias / Zielke, Christian (2015): Praxiswissen Management, Haufe-Lexware GmbH & Co.KG Freiburg.

Kronawitter, Ernst (2013): Führen ohne Druck: Erfolgreiches Bankgeschäft ohne Zielvorgaben und vertriebsabhängige Vergütung, Springer Fachmedien Wiesbaden.

Kropp, Waldemar (2001): Systematische Personalwirtschaft: Wege zu vernetzt-kooperativen Problemlösungen, 2.unwesentlich veränderte Auflage, Oldenbourg Verlag München und Wien.

Latz, Isabelle (2016): Personalakquisition im Spiegelbild der Generationenvielfalt, Springer Fachmedien Wiesbaden.

Lichtsteiner, Hans (2017): Generation Y – Chance und Herausforderung zugleich. In: Verbands – Management Heft 03 S.47 - 53

Lindh, Thomas / Malmberg, Bo / Petersen, Thieß (2010): Die ökonomischen Konsequenzen der gesellschaftlichen Alterung, Springer Fachmedien GmbH Wiesbaden

LinkedIn (2018): Mitgliedschaften im Überblick, online im Internet: URL: https://www.linkedin.com/premium/switcher/onlinesub [19.08.2018].

LinkedIn (2018): Nutzungsvereinbarung, online im Internet: URL: https://www.linkedin.com/legal/user-agreement [21.08.2018].

LinkedIn (2018): Recruiting Tool, online im Internet: URL: https://business.linkedin.com/de-de/talent-solutions/recruiter# [19.08.2018].

LinkedIn (2018): Talent solutions, online im Internet: URL: https://business.linkedin.com/talent-solutions [09.08.2018].

LinkedIn (2018): Recruiter, online im Internet: URL: https://business.linkedin.com/talent-solutions/cx/2016/5/recruiter-demo [24.08.2018].

LinkedIn (2018): Über LinkedIn, online im Internet: URL: https://about.linkedin.com/de-de [09.08.2018].

Lorenz, Michael / Rohrschneider Uta (2015): Bewerbung für Berufseinsteiger, Haufe-Lexware GmbH & Co.KG Freiburg.

Lorenz, Michael / Rohrschneider Uta (2007): Praxishandbuch für Personalreferenten, Campus Verlag GmbH Frankfurt/Main.

Lufthansa (2018): Karrierewebsite, online im Internet: URL: https://career.be-lufthansa.com/index.php?ac=search_result [18.08.2018].

Luthe, Alfons / Weiskopf, Hans (2010): Personalmanagement für Agenturen und Makler in der Versicherungswirtschaft, Verlag Versicherungswirtschaft GmbH Karlsruhe.

Mangelsdorf, Martina (2015): Von Baby – Boomer bis Generation Z: Der richtige Umgang mit unterschiedlichen Generationen im Unternehmen, Gabal Verlag GmbH Offenbach.

Mütze, Kai / Popp Michael (2007): Handbuch Auslandsentsendung: Praxishandbuch für die Vorbereitung und Durchführung von Auslandsentsendungen, Datakontext-Fachverlag GmbH Frechen.

Nasemann, Kerstin / Thom, Norbert (2010): Talententwicklung durch Trainee-Programme, In: Talent Management: Talente identifizieren, Kompetenzen entwickeln, Leistungsträger erhalten, S.25-38. Gabler / GWV Fachverlage GmbH Wiesbaden.

Nicolai, Christina (2018): Personalmanagement, 5. Auflage, UVK Gesellschaft mbh Konstanz und München.

Oechsler, Walter A. (2011): Personal und Arbeit: Grundlagen des Human Resource Management und der Arbeitgeber – Arbeitnehmer – Beziehungen, 9.grundlegend überarbeitete Auflage, Oldenbourg Wissenschaftsverlag München.

Oertel, Jutta (2014): Baby Boomer und Generation X – Charakteristika der etablierten Arbeitnehmer- Generationen. In: Generationen-Management, Klaffke (hrsg.) S. 28-54 Springer Fachmedien Wiesbaden.

Oertel, Jutta (2007): Generationsmanagement in Unternehmen, Deutscher Universitätsverlag / GWV Fachverlage GmbH Wiesbaden.

Olfert, Klaus (2010): Personalwirtschaft, 14. Auflage, Verlag neue Wirtschafts – Briefe GmbH & Co.KG Herne.

Parment, Anders (2009): Die Generation Y – Mitarbeiter der Zukunft: Herausforderung und Erfolgsfaktor für das Personalmanagement, Gabler / GWV Fachverlage GmbH Wiesbaden.

Paschen, Michael (2002): Externe Personalbeschaffungswege: Progressives Posting Praxisbericht, In: Handbuch Recruitment: Die neuen Wege moderner Personalakquisition, Planung, Beschaffungswege, Auswahlverfahren: Beiträge aus Forschung und Praxis, S. 104-118, Bröckermann Rainer, Pepels Werner (hrsg.), Cornelsen Verlag Berlin.

Pein, Vivian (2018): Der Social Media Manager, 3.aktualisierte und erweiterte Auflage, Rheinwerk Verlag Bonn.

Peterke, Jürgen (2006): Personalentwicklung: Durch Führung Mensch und Unternehmen fördern, Lernen zum Wettbewerbsvorteil entwickeln, Qualifizierung zielgerichtet und wirkungsvoll vornehmen, Cornelsen Verlag Scriptor GmbH & Co.KG Berlin.

Pilz, Gerald (2017): Personalwirtschaft Schritt für Schritt, 2.Auflage, UVK Verlagsgesellschaft mbH Konstanz und München.

Poreda, Martin (2012): Social Media einsetzen beim Employer Branding, In: Employer Branding: Die Arbeitgebermarke gestalten und im Personalmarketing umsetzen, 2. Auflage, S.123-138 Bertelsmann Verlag GmbH & Co.KG Bielefeld.

Preißing, Dagmar (2010): Erfolgreiches Personalmanagement im demografischen Wandel, Oldenbourg Wissenschaftsverlag GmbH München.

Prezewowsky, Michel (2007): Demografischer Wandel und Personalmanagement: Herausforderungen und Handlungsalternativen vor dem Hintergrund der Bevölkerungsentwicklung, GWV Fachverlage GmbH Wiesbaden.

Rath, Bernd H. / Salmen, Sonja (2012): Recruiting im Social Web: Talentmanagement 2.0 – So begeistern Sie Netzwerker für Ihre Mitmach – Unternehmen, BusinessVillage GmbH Göttingen.

Rathnow, Peter (2014): Internationales Management: Praxiserprobte Instrumente für den General Manager, 2.aktualisierte und erweiterte Auflage, Oldenbourg Wissenschaftsverlag GmbH München.

Rehm Florian (2014): Web 2.0 im Bereich Personalbeschaffung, In: Praxisorientierte Personal- und Organisationsforschung, hrsg. von Reiner Bröckermann, Band 19, Rainer Hampp Verlag München und Mering.

Ridder, Hans – Gerd (2015): Personalwirtschaftslehre, 5. Auflage, W. Kohlhammer GmbH & Co.KG Stuttgart.

Ritter, Andre (2010): E-Recruiting: Eine moderne Form der Personalbeschaffung, AVM-Akademische Verlagsgemeinschaft München.

Ritz Adrian / Sinelli Peter (2010): Talent Management aus Sicht der Wissenschaft. In: Talent Management: Talente identifizieren, Kompetenzen entwickeln, Leistungsträger erhalten, S. 3-21. Gabler / GWV Fachverlage GmbH Wiesbaden.

Ritz, Adrian / Thom Norbert (2018): Talent Management: Talente identifizieren, Kompetenzen entwickeln, Leistungsträger erhalten, 3. erweiterte und überarbeitet Auflage, Springer Fachmedien GmbH Wiesbaden

Roger, Alexandra (2016): Medienrecht in der Praxis für Marketing und PR, UVK Verlagsgesellschaft mbH Konstanz mit UVK / Lucius München.

Rohrlack, Kirsten (2012): Personalbeschaffung-kompakt, Rainer Hampp Verlag München und Mering.

Sarges, Werner / Scherm, Martin (2002): 360°-Feedback: Praxis der Personalpsychologie, Hofgrefe-Verlag Göttingen.

Sarsteiner, Michael / Steiner Sabine (2015): Active Sourcing-Wie geht das eigentlich? In: Strategien internationaler Personalbeschaffung, Stähler Gerhard, hrsg. Apel, Wolfgang S.55-60, Schäffer-Pöschel Verlag Stuttgart.

Schnaper, N. (2009): Wozu benötigt die Personalpraxis Talentmanagementansätze – Grundlegende Fragen und Lösungsansätze, in: Weitz, A. (Hrsg.), Talentmanagement im Mittelstand, S. 13-35, Pabst Science Publisher Lengerich.

Schudy, Christian / Wolff Michael (2014): Herausforderung Generation Y: Erfolgreich Nachwuchskräfte gewinnen. In: Führung und Organisation Heft 02 S.97 – 102.

Sporket, Mirko (2011): Organisationen im demographischen Wandel: Altersmanagement in der betrieblichen Praxis, Springer Fachmedien GmbH Wiesbaden

Stahl, Heinz K. (2013): Führungswissen, Erich Schmidt Verlag GmbH & Co. KG Berlin.

Statista (2018): Deutschland - Entwicklung der Bevölkerungsstruktur nach Altersgruppen bis 2050 In: Statistisches Bundesamt; Experte(n) (Beske), online im Internet: URL: https://de.statista.com/statistik/daten/studie/248090/umfrage/entwicklung-der-bevoelkerungsstruktur-deutschlands-nach-altersgruppen/ [15.08.2018].

Statista (2018): Was sind geeignete Maßnahmen zur Mitarbeiterbindung und setzen Sie diese in Ihrem Unternehmen bereits um? In: HAYS HR-Report 2018-Schwerpunkt: Agile Organisation auf dem Prüfstand, S.28, online im Internet: URL: https://de.statista.com/statistik/daten/studie/682330/umfrage/umfrage-zu-wichtigen-massnahmen-zur-mitarbeiterbindung-und-deren-umsetzung/ [07.08.2018].

Steinweg, Svea (2009): Systematisches Talent Management: Kompetenzen strategisch einsetzen, Schäffer-Poeschel Verlag Stuttgart

Stracke, Stefan / Wilke, Peter (2015): Demografischer Wandel in der Arbeitswelt – Zum Stand der Forschung. In: Personalarbeit im demografischen Wandel. Ergebnisse aus dem Verbundprojekt PerDemo, Rainer Hampp Verlag München und Mering.

Sudar, Bettina (2008): Warum die großen Online-Stellenbörsen auch im Personalmarketing 2.0 eine entscheidende Rolle spielen werden, In: Personalmarketing 2.0 Beck, Christoph (hrsg.), Wolters Kluwer Deutschland GmbH Köln.

Trost, Armin (2012): Talent Relationship Management: Personalgewinnung in Zeiten des Fachkräftemangels, Springer-Verlag Berlin Heidelberg.

Ubivent (2018): Virtuelle Karrieremesse, online im Internet: URL: file:///C:/Users/hp/Downloads/Produktblatt_Virtuelle%20Events.pdf [20.08.2018].

Weinberg, Tamar (2012): Social Media Marketing: Strategien für Twitter, Facebook & Co., deutsche Bearbeitung von Ladwig, 3. Auflage, Wibke / Pahrmann Carina, O'Reilly Verlag Köln.

Wessling, Harry (2002): Network Relationship Management: Mit Kunden, Partnern und Mitarbeitern zum Erfolg, Gabler Verlag Wiesbaden.

XING, AG (2018): AGB, online im Internet: URL: https://www.xing.com/terms [21.08.2018].

XING, AG (2018): Das Unternehmen XING, online im Internet: URL: https://corporate.xing.com/de/unternehmen/ [05.08.2018].

XING, AG (2018): Daten und Fakten, online im Internet: URL: https://corporate.xing.com/de/unternehmen/daten-und-fakten/ [05.08.2018].

XING, AG (2018): E-Recruiting, online im Internet: URL: file:///C:/Users/hp/Downloads/XING_E-Recruiting_360_DE.pdf [06.08.2018].

XING, AG (2018): Mitgliedschaft, online im Internet: URL: https://www.xing.com/upsell/premium_offers?from_hub=true [06.08.2018].

XING, AG (2018): ProBusiness Zusatzpaket, online im Internet: URL: https://www.xing.com/upsell/pro_business_offers#pro_business_highlights [06.08.2018].

XING, AG (2018): ProJobs Zusatzpaket, online im Internet: URL: https://www.xing.com/upsell/pro_jobs_offers [06.08.2018].

XING, AG (2018): Unternehmensprofil bei XING, online im Internet: URL: https://www.xing.com/companies/contract/select_package [06.08.2018].